Heribert Hofner

MERCEDES-BENZ
Strich-8 Modelle 200-280

Impressum

HEEL Verlag GmbH
Gut Pottscheidt
53639 Königswinter
Telefon 02223 9230-0
Telefax 02223 923026
info@heel-verlag.de
www.heel-verlag.de

© 2012: HEEL Verlag GmbH, Königswinter
2. Auflage 2021

Verantwortlich für den Inhalt:
Heribert Hofner

Lektorat:
Martin Henze

Fotonachweis:
Sofern nicht anders gekennzeichnet Daimler AG Classic Media, Archiv des Autors, außerdem Audi Tradition (S. 117 u. 119), Citroën (S. 120), Ford AG (S. 117), GM Corp. (S. 117), Peugeot (S. 121), Volvo (S. 122)

Titelbild:
© Daimler AG

Lithographie, Satz und Gestaltung:
Ralf Kolmsee
F5 Mediengestaltung
Bonn

Alle Rechte, auch die des Nachdrucks, der Wiedergabe in jeder Form und der Übersetzung in andere Sprachen, behält sich der Herausgeber vor. Es ist ohne schriftliche Genehmigung des Verlages nicht erlaubt, das Buch und Teile daraus auf fotomechanischem Weg zu vervielfältigen oder unter Verwendung elektronischer bzw. mechanischer Systeme zu speichern, systematisch auszuwerten oder zu verbreiten. Ebenso untersagt ist die Erfassung und Nutzung auf Netzwerken, inklusive Internet, oder die Verbreitung des Werkes auf Portalen wie Googlebooks.

Alle Angaben ohne Gewähr, Irrtümer vorbehalten

Printed in Latvia

ISBN: 978-3-86852-294-5

Heribert Hofner

MERCEDES-BENZ
Strich-8 Modelle 200-280

HEEL

Inhalt

	Vorwort	7
1	1968: Eine Revolution im Zeichen des Sterns?	8
2	Die Ahnenreihe der Baureihe W 114/115	20
3	Mittelklasse heißt durchaus nicht Mittelmaß – Form und Formfindung	26
4	Eine feste Burg – wenn nur der Rost nicht wäre … – Die Karosserie	38
5	Funktionalität und Haltbarkeit vor Gemütlichkeit – Innenraum und Bedienungselemente	48
6	Komfort und Kurvenfreude mit der Schräglenkerachse – Fahrwerk, Fahreigenschaften und Fahrkomfort	54
7	Sparsam, bieder oder rassig – für jeden etwas – Motorensortiment und Modellpalette	62
8	Stillstand heißt Rückschritt – Modellpflege, Weiterentwicklung und Verbesserungen	80
9	Von bieder bis grell, von vornehm bis kitschig – Innenausstattung und Lackfarben	90
10	Zwei Türen, viel Chic und weniger Platz für mehr Geld – die Coupés 250 C bis 280 CE	98
11	Strich-Acht Spezial – Stretchversionen, Sonderaufbauten und sonstige Raritäten	110
12	Im Reich der Mitte – Die Baureihe W 114/115 im Reigen ihrer Mitbewerber	116
	Technische Angaben	123

Vorwort

Die Strich-Acht-Modelle – echte „Typen"?

Autos, die noch Typen waren ist die Buchreihe betitelt, zu der auch der vorliegende Band über die Doppelbaureihe W 114/115 von Mercedes-Benz zählt. Während mit dem Terminus „Typ" hochsprachlich eine Urbild-Funktion umschrieben wird, ist damit landläufig-salopp eher die eindeutig umrissene Ausprägung eines Charakters gemeint. Das muss nicht notwendigerweise auf Knorriges, Uriges, Eigenwilliges oder gar Unbeugsames hindeuten. Als Synonym passt da schon eher der individualistisch geprägte, viel strapazierte Begriff des „Originals". Diese Originalität oder Einmaligkeit kann beim Automobil auf hochkarätigen technischen Lösungen beruhen, auf einem besonders gelungenen Design oder auf herausragenden Fahreigenschaften, auch Fahrleistungen – oder aber auf einem gut gemixten Potpourri aller dieser Kriterien. Und dies dürfte bei den Titelhelden dieses Buches zutreffen. Dagegen wird in diesem Zusammenhang das abgenutzte da abgedroschene Wort vom „Kultauto" bewusst vermieden.

Mit einem an der Linienführung der Oberklasse W 108/109, den Vorläufern der S-Klasse, orientierten Stilistik, einer zeitgemäßen Motorenpalette und endlich auch einem modern konzipierten Fahrwerk gerät die Mittelklasse von Mercedes-Benz 1968 zu einem Meilenstein der Automobilgeschichte und wird zu einem ausgesprochenen Verkaufserfolg. In neun Jahren entstehen von der Typenfamilie W 114/115 mehr als dreimal so viele Exemplare als von den Flossentypen der Vorgängerreihe.

Die weit verbreitete volkstümliche Benennung der mittelgroßen Mercedes-Personenwagen-Reihe, die mangels darunter angesiedelter Modelle – die 190er der Familie W 201 erscheinen erst Ende 1982 – eigentlich noch die kleine ist, lässt nicht lange auf sich warten. Sie erfolgt bald und greift das in den Fahrzeugpapieren und in der technischen Literatur verwendete Suffix „/8" hinter der Ziffernfolge der Typenbezeichnung auf. Mit diesem Zusatz wird zur Unterscheidung von den meist identisch bezifferten Vorgängern das Erscheinungsjahr 1968 herausgestellt. In Fachkreisen wie im Volksmund, in Fremdsprachen („slash eight") und inzwischen selbst beim Hersteller werden die Angehörigen der vierten Nachkriegs-Mittelklasse-Generation von Mercedes-Benz als „Strich-Acht-Modelle" oder einfach „Strich-Achter" oder gar „Strichachter" bezeichnet.

Beim vorliegenden Buch wurde versucht, den doch häufig steril wirkenden Werk- und Pressefotos eine farbenfrohe Würze aus zeitgenössischen Privataufnahmen gegenüberzustellen. In unerwartet lebhafter Resonanz folgten unzählige Leser der Zeitschrift OLDTIMER MARKT dem Aufruf der Redaktion, sichteten ihre Foto- und Diasammlungen (und die ihrer Eltern und Großeltern) und stellten ansehnliches Bildmaterial zur Verfügung: Insgesamt das Wesen ihrer Epoche widerspiegelnd, waren sie höchst willkommen. Dennoch musste allein aus Platzgründen schweren Herzens eine gewisse Auswahl getroffen werden. Verfasser und Verlag bitten um Verständnis für diese rein quantitativ bedingte Einschränkung.

Kapitel 1

1968: Eine Revolution im Zeichen des Sterns?

Im Jahr 1968 kulminieren in vielen Ländern – selbst in manchen Staaten des rigide geführten Ostblocks – die linksgerichteten Studenten- und Bürgerrechtsbewegungen der sechziger Jahre. Der Begriff der „68er-Bewegung" geht in die Geschichte ein, und wer damals linksliberal aktiv war (oder im verklärten Rückblick meint, es gewesen zu sein), bezeichnet sich noch heute als „Achtundsechziger". In den USA setzen mehrere intellektuell geprägte Fronten ein Umdenken in Bewegung – die Proteste gegen den Vietnamkrieg, die afro-amerikanische Bürgerrechtsbewegung, deren Anführer Martin Luther-King in jenem Jahr ermordet wird, und die erotisch geprägte Flower-Power-Strömung mit ihrer deutlichen Zielangabe „Make love, not war". In Frankreich herrschen bei den Mai-Unruhen nahezu bürgerkriegsähnliche Zustände, als sich Studenten mit den Arbeitern, die um die 40-Stunden-Woche kämpfen, solidarisieren.

Die sechziger Jahre kennzeichnen das Ende der Wiederaufbauphase im Nachkriegs-Deutschland. Das ist der Punkt, an dem der Protest der heranwachsenden Jugend ansetzt. Die jungen Leute wuchsen in einer Gesellschaft auf, die sich die Schaffung materieller Werte zum Ziel setzen musste. Dabei blieben in den Augen der Nachkriegsgeneration die ideellen Tugenden auf der Strecke. Die Jugend begehrt nun gegen die etablierte Gesellschaft auf, die als unwahrhaftig, gleichgültig und ungerecht empfunden wird. Diese Kritik äußerte sich unter anderem in Konsumverweigerung, in sexueller Freizügigkeit oder in provokanter Kleidung, mündet aber auch in eine politische Komponente.

In der Bundesrepublik Deutschland protestiert die Studentenbewegung gegen die so genannten Notstandsgesetze – die Ursache der Auflehnung liegt aber tiefer: Die Jugend lehnt die in politischen und wirtschaftlichen Machtpositionen verharrende „Generation der Täter" aus der Ära des Nationalsozialismus ab. Gleichzeitig führt die angestrebte Überwindung der prüde-bigotten Sexualmoral der fünfziger Jahre zur Forderung nach sexueller Freiheit und gipfelt in einer Art Experimentierfreude, die sich in Begriffen wie „freie Liebe" oder gar „Gruppensex" äußert. In der ČSSR versucht man unter Alexander Dubček eine schrittweise Liberalisierung der Wirtschaft und des Zusammenlebens zu erreichen. Aber der

Mercedes-Benz Strich-Acht

1968: Eine Revolution im Zeichen des Sterns?

Links: Eine nette Badenerin posiert in der (damaligen) Unimog-Stadt Gaggenau mit einer englischroten Strich-Acht-Limousine.
(Foto: Gerhard Iser)

Rechts: Schöner kann man die Anmut eines sommerlich warmen Herbsttags im Badischen kaum darstellen.
(Foto: Gerhard Iser)

Dieser Strich-Achter der ersten Serie diente im Fichtelgebirge als Bildstaffage.
(Foto: Heinz Obländer)

vom Schlagwort „Sozialismus mit menschlichem Antlitz" charakterisierte Prager Frühling scheitert unter den Panzerketten des Warschauer Paktes. Auch die studentischen März-Unruhen in Polen werden von der Miliz zerschlagen, jedoch werden in jenem Frühjahr 1968 die Grundlagen der erfolgreichen Gewerkschaftsbewegung Solidarność der Achtziger Jahre gelegt.

In der zweiten Hälfte der sechziger Jahre gerät die Kunst in den meisten ihrer Richtungen und Spielarten in Bewegung – am Spürbarsten in der darstellenden Kunst. Jenseits der erstarrten Kategorien von Malerei und Skulptur entstehen nun mit den so genannten Aktionskünsten hybride Mischformen, die sich offen und ständig im Werden befindlich darstellen. Diese Strömungen äußern sich im Happening, in der Konzeptkunst oder bei der Performance und verkörpern Symptome des Wandels. Im Sinne der Avantgardebewegung ersetzt man das statische Objekt durch den dynamischen Prozess, die rein kontemplative Rezeption geht über in die aktive Partizipation des Betrachters. Weniger radikal vollzieht sich die Veränderung in der Musik, obwohl auch hier der Wille zum radikalen Bruch mit den bestehenden Verhältnissen besteht.

Auch das Filmschaffen geht neue Wege. Dabei wird eine direktere, vor allem inhaltliche Verbindung zu der in hohem Maße politisierten Gegenwart gesucht, wobei formale Experimente mit handfester, grenzwertiger politischer Agitation zusammengehen. In der Literatur wird der Aufstand ebenso geprobt: Im Suhrkamp-Verlag kommt es 1968 beispielsweise zu einem Konflikt zwischen dem Verleger und den Lektoren des Verlags. Streitpunkte sind inhaltliche Fragen der Programmgestaltung, doch drängen die Lektoren auch auf weitgehende Mitspracherechte im Unternehmen.

In diese Zeit des Umbruchs werden sie hinein geboren, unsere Titelhelden. Klar – von ihrem offiziellen Geburtsjahrgang her sind sie echte 68er – die Autos der Doppelbaureihe W 114/115 von Mercedes-Benz. Sonst haben diese grundsoliden Vertreter der gehobenen Mittelklasse – sieht man von der endlich aktualisierten Hinterradaufhängung ab – auf den ersten Blick jedoch wenig Umwälzendes an sich. Sicher gibt es im Modelljahr 1968 Automobile mit stärker ausgeprägter technischer Raffinesse, mit mehr Pfiff unter dem Blech. Ein Beispiel: Wenige Wochen vor dem Debüt der Neuen Generation der Mercedes-Mittelklasse wurde beim Pariser Salon der gründlich durchdachte SIMCA 1100 vorgestellt – mit Frontantrieb, Quermotor, Einzelradaufhängung ringsum, vier Türen und Heckklappe. Freilich spielt der intelligente Franzose zwei Klassen tiefer.

Dennoch ist auch in Untertürkheim vieles anders geworden: Die Neuen verkörpern im Vergleich mit den ausladenden und behäbigen, vor allem aber reichlich antiquierten Vorgängern der Heckflossen-Baureihe W 110, die immerhin direkte Abkömmlinge der Oberklasse waren, formgestalterisch wie raumökonomisch einen gewaltigen Fortschritt. Mit den Strich-Achtern setzt Daimler-Benz 1968 in mehrfacher Hinsicht Akzente. Zum einen entspricht das Fahrwerk der neuen Mittelklasse nun dem aktuellen Stand der Technik.

Nach mehr als dreieinhalb Jahrzehnten hat man sich von der zuletzt zwar hoch entwickelten, aber dennoch kaum mehr konkurrenzfähigen Eingelenk-Pendelachse verabschiedet und einer zeitgemäßen Schräglenker-Konstruktion verschrieben. Andererseits zeigen die neuen Autos nach der stilistisch sichtbar transatlantisch beeinfluss-

Im Schweizer Kanton Solothurn fungierte dieser frühe 250/8 im Mai 1971 als Hochzeitskutsche. (Foto: Phillip Rüst)

ten, schwer und behäbig wirkenden Heckflossengeneration nun ein wesentlich schlichteres und eleganteres Design. Die „Linie der Vernunft" hatte auch Mercedes erreicht

Sämtliche Außenabmessungen der vierten Nachkriegs-Generation der Mercedes-Mittelklasse wurden gegenüber den Vorgängern reduziert, der

Und noch ein Hochzeitspaar – diesmal auf dem Bayreuther Rathausplatz. (Foto: Ludwig Würner)

1968: Eine Revolution im Zeichen des Sterns?

Wie dieser frühe 200 D zeigt, waren Taxis vor 1971 generell schwarz lackiert.

Dass ein altgedienter 240 D nach langer Taxi-Karriere im Mercedes-Museum in Untertürkheim einen Ruheplatz fand, ist nur gerecht.

Radstand dagegen leicht vergrößert. Die kompakten Dimensionen gehen dabei keineswegs zu Lasten des Insassenkomforts – selbst das nutzbare Kofferraumvolumen hat nur geringfügig abgenommen. Das milde Downsizing ist angesichts der zunehmenden Verkehrsdichte in Europa alles andere als ein Fehlgriff. Aber es ist nicht aller Tage Abend: Ein paar Generationen später wird die dann E-Klasse genannte Mercedes-Mittelklasse wieder beinahe Oberklasse-Format annehmen …

Mercedes-Benz Strich-Acht

Links: Einen authentischeren Eindruck vermittelt dieses Werkbild eines 200 D der zweiten Serie, der über die ab Februar 1973 lieferbare Sonderausstattung „Taxi" verfügt.

Unten: Das 220 D-Taxi der ersten Serie in diesem etwas gestellt wirkenden Werkfoto ist im ab 1971 vorgeschriebenen Sonderfarbton RAL 1015 Hellelfenbein lackiert.

1968: Eine Revolution im Zeichen des Sterns?

Nette Erinnerung an die Einschulung 1979 im Kreis Coesfeld, NRW, mit der 220 D-Familienkutsche im Hintergrund.
(Bild: Jörg Weber)

Treffende Schlagworte wie „Die schlichten Schlager" in der Fachpresse kennzeichnen den ausgewogenen, schnörkellosen Design-Ansatz, noch deutlicher wird die Boulevard-Schlagzeile „Opas Mercedes ist tot". Das deutsche Fachblatt *auto motor und sport* spricht gar von einem „stilistischen Linksruck" – also doch Revoluzzer? Auch der Autor, dem – am Steuer seiner Borgward Isabella unterwegs – bereits im Frühjahr 1967 im Schwarzwald eine Kolonne nur im Frontbereich getarnter Versuchswagen der Mittelklasse-Nachfolger begegnete, empfand angesichts der harmonischen Linienführung spontane Sympathie für den Neuling. In Untertürkheim flankiert man indessen den tiefgreifenden Wandel, den der Modellwechsel mit sich bringt, mit einer groß angelegten Anzeigen-Kampagne, in der beharrlich die Parole von der „Neuen Generation" platziert wird. Diese Benennung benutzt jedoch niemand: Bald nach ihrer Markteinführung wird die Baureihe W 114/115 im Reparatur- und Ersatzteilgewerbe, in sonstigen Fachkreisen, vor allem aber im Volksmund kurz und bündig als „Strich-Acht" bezeichnet. Der Beiname leitet sich aus dem hinter der Ziffernfolge der Typenbezeichnung platzierten Zusatz „/8" ab, der auf das Erscheinungsjahr 1968 hinweist.

Mehr als 1,9 Millionen davon werden weltweit abgesetzt. Das sind mehr als dreimal so viele wie von den flossengeschmückten Vorgängern und nur ein Viertel weniger als von der typenreicheren Nachfolgereihe 123, die immerhin erstmals um eine komplette Kombifamilie ergänzt wird. Natürlich sind die Strich-Achter – zumindest in Mitteleuropa – in den während der ausgehenden sechziger Jahre noch immer anwachsenden Wohlstand, in den Existenzauf- und -ausbau eingebettet. Das begründet den ersten großen Boom der mittleren Mercedes-Hierarchie, die noch ohne „Souterrain" ist. Genau genommen sind die Strich-Achter noch echte Kinder des Wirtschaftswunders, das allerdings seinen Höhepunkt erreicht hat. Nun kann die zumindest hierzulande geläufige Sehnsucht nach dem eigenen Mercedes von breiteren Schichten realisiert werden, nicht nur vom gehobenen Mittelstand an aufwärts. Jetzt sitzen auch Leute hinter dem Stern, die nicht unbedingt zu den Vermögenden gehören. Der Normalverbraucher kann zeigen, dass auch er es „geschafft" hat. Die Limousinen und Coupés der Baumuster W 114 und vor allem W 115 machen ihre Eigner auch in zweiter, dritter, vierter und letzter Hand zu durchwegs glücklichen und zufriedenen Autofahrern. Diese Autos kennen kaum Kinderkrankheiten, sind hervorragend verarbeitet und erweisen sich im Alltagsbetrieb als unproblematisch. Das neudeutsche Wort von den Premium-Automobilen existiert zwar Ende der sechziger Jahre noch lange nicht, in Deutschland werden die Qualitätsstandards wie gewohnt von Wagen der Marke Mercedes-Benz gesetzt. BMW und Audi sind von diesem Nimbus der Gediegenheit noch mehr oder weniger weit entfernt, wachsen aber langsam und beharrlich als Konkurrenten heran. Während man bei BMW vor allem den sportlichen Charakter der Autos betont – schließlich kauft man die Weiß-Blauen aus „Freude am Fahren" –, ist Audi dabei, sich aus der noch im Gedächtnis verhafteten bläulichen DKW-Zweitakt-Gemischwolke heraus zu emanzipieren. Und das mit Erfolg. Jaguar hingegen pflegt das Image der britischen Sportwagen-Traditionsmarke, spielt aber auf dem Kontinent kaum eine Rolle.

Jenseits aller gewollter Dynamik, jenseits von Kaminzimmer-Ambiente nach Art des Landadels setzt der schwäbische Erfinder des Automobils auf kompromisslose, dadurch manchmal steril wirkende Solidität und Haltbarkeit. Nicht zuletzt deshalb werden die Diesel-Versionen der Strich-Acht-Reihe – sie stellen schon damals gut die Hälfte der Limousinen – zu Dauerläufern und auf den meisten Kontinenten zu Phänotypen des Taxis schlechthin. Die einzigen Probleme dieser erfolgreichen Modellfamilie heißen Rost, Rost und abermals Rost.

Bei der Vorstellung der Strich-Achter spricht *auto motor und sport* von der „wohlkalkulierten Perfektion", die den neuen Limousinen innewohne. Deren Charakterzüge lassen sich in der traditionell hohen Gesamtqualität zusammenfassen: erstklassige Fertigungsgüte, hochwertige Materialauswahl, absolute Verlässlichkeit und Dauerhaftigkeit und nicht zuletzt eine hohe aktive und passive Sicherheit. Unter diesem Aspekt ist es absolut nachvollziehbar, dass die Strich-Achter zu beliebten Restaurierungsobjekten mit nahezu lückenloser Teileversorgung, zu populären, nach wie vor zuverlässigen Sammlerstücken und zu dankbaren Alltags-Klassikern wurden.

Die Auswahl ist groß, denn es haben viele Autos die Jahrzehnte überlebt. In der jährlich veröffentlichten deutschen Oldtimerstatistik, die sich durch die Vergabe der H-Kennzeichen relativ leicht erstellen lässt, rangiert die Mercedes-Baureihe W 114/115 Ende 2010 mit 6094 zugelasse-

Alte Liebe rostet nicht – auch nicht im Winter: Dieser wackere 200 D kommt noch heute seinen Aufgaben beim landwirtschaftlichen Einsatz in Oberfranken nach.

1968: Eine Revolution im Zeichen des Sterns?

Dieser 1974 neu gekaufte 230.6 befindet sich noch heute im Märkischen Kreis in Westfalen unverändert im Besitz der gleichen Familie.
(Foto: Sara Letzner)

Hoch hinaus zum Skiurlaub: Der 250/8 rastet vor imposantem Hintergrund. Alle genießen den Anblick der Dolomiten, auch die Insassen des Kadett B Kombi.
(Foto: Uwe Sturhan)

Mercedes-Benz Strich-Acht

Neuankömmling in Lüdenscheid: Der gerade eingetroffene 230.6 wird von der Familie begutachtet.
(Foto: Sara Letzner)

Der Traum vom „Heiligen Blechle": 220 D/8 von 1972 im Mercedes-Museum

1968: Eine Revolution im Zeichen des Sterns?

Das Taxi des Herrn Kronenberg wurde Anfang der Siebziger in Bochum mit Wintermäntelchen am Kühler fotografiert.
(Foto: Wolfgang Bruch)

Dieser 230/8 wurde kurz vor dem großen Facelifting im März 1973 zugelassen und befindet sich noch heute in Hamburg im Familienbesitz.
(Foto: Frank Hermens)

Oben: Für die Länderpolizei bot Daimler-Benz das Ausstattungspaket „Sondermodell Polizei" an.

Links: 1969 holte eine Familie aus der Region Ostwestfalen-Lippe ihren 250/8 im Werk in Sindelfingen ab.
(Foto: Uwe Sturhan)

nen Exemplaren auf Rang zwei hinter dem Volkswagen Käfer mit 23.380 Wagen. Absolut gesehen ist das Ergebnis des Wolfsburgers fast viermal so hoch wie das des zweitplatzierten Schwaben. Setzt man diese Zahlen jedoch in die Relation zu den Fertigungsergebnissen – hier stehen etwa 21,5 Millionen VW Käfer rund 1,9 Millionen Strich-Achtern gegenüber, also mehr als zehnmal so viele VW, wird schnell klar, welche Typenfamilie die höhere Überlebensrate aufweist: Der Vergleich geht mit deutlichem Abstand zugunsten der nicht einmal neun Jahre lang gebauten Mercedes-Baureihe W 114/115 aus, denn beim „Käfer" liegt die Produktionsdauer weltweit bei fast 57 Jahren.

Kapitel 2

Die Ahnengalerie der Baureihe W 114/115

Tradition und Fertigungsgüte statt Avantgarde und Fortschritt: Die Generation 170 (W 136 und W 191)

Das Fundament der heutigen E-Klasse von Mercedes-Benz wird im Februar 1936 mit dem Erscheinen des 170 V gelegt. In jenem Jahr nimmt Daimler-Benz erstmals die Großserienfertigung eines Mittelklassewagens auf, dessen Nachkommen bis hin zu den Titelhelden dieses Bandes, der Strich-Acht-Reihe, und darüber hinaus stets populäre und zunehmend erfolgreiche Autos sind. Von dieser Zeit an gibt es ein zeitgemäßes und hochwertiges Automobil mit dem charakteristischen Stern auf der verchromten Kühlermaske, das nunmehr auch für breitere Teile der Bevölkerung erschwinglich ist.

Dabei passt der robuste und wirtschaftliche 170 V bestens in das breit angelegte Motorisierungsprogramm der Nationalsozialisten, das letztlich weniger der Mobilität des Volkes als der Vorbereitung eines ideologisch längst angedachten europäischen Vormacht-, Eroberungs-, Ausrottungs- und Unterdrückungskrieges zu dienen hat. So werden die wackeren Hundertsiebziger ab Herbst 1939 zu Zehntausenden requiriert, im Schlamm russischer Rollbahnen, im Winter des Polarkreises oder im Sand Nordafrikas verschlissen. In großer Zahl verschwinden sie in den Weiten des Ostens, um sechs Jahrzehnte später wieder auf dem Liebhabermarkt ihrer ursprünglichen Heimat aufzutauchen.

Die Konstruktionsdetails des 170 V entsprechen im Großen und Ganzen dem damaligen Stand der Technik. Nicht zuletzt durch ihre ansprechende Stilistik sind die Hundertsiebziger Erfolgstypen. Der X-förmige Ovalrohrrahmen unterscheidet sich vom herkömmlichen Leiterrahmen durch sein geringeres Gewicht und die höhere Verwindungsfestigkeit. Die vordere Einzelradaufhängung an zwei Querblattfedern und die hintere Zweigelenk-Pendelachse entsprechen der seit 1931 üblichen komfortbetonten Untertürkheimer Fahrwerkstechnik. Die hydraulisch betätigten Bremsen, die den 170 V verzögern, sind um die Mitte der Dreißiger Jahre in dieser Klasse alles andere als eine Selbstverständlichkeit.

Andererseits ist aber auch viel Konservatives, Bewährtes geblieben: Während die Avantgardis-

170 V der ersten Ausführung bei mittelalterlich geprägtem Auftritt. Die Verkleidung des Ersatzrades war noch Sonderzubehör.

ten Citroën Traction Avant 7/11 CV und Lancia Aprilia bereits selbsttragende Ganzstahlaufbauten aufweisen, wird die Karosserie des 170 V noch in Gemischtbauweise mit Holzgerippe unter dem Blech gefertigt. Auch das Vierzylinder-Triebwerk des 170 V ist mit seitlich stehenden Ventilen und einer dreifach gelagerten Kurbelwelle alles andere als ein Highlight der Motorenentwicklung. Der Steigstromvergaser und der im Motorraum montierte Benzintank mit Gefälleversorgung gelten in Fachkreisen bereits als antiquiert. Der Zweite Weltkrieg bringt die Fertigung des 170 V allmählich zum Erliegen. Bis zum Produktionsstopp im Juni 1942 sind rund 75.000 Exemplare aller Varianten dieser Baureihe entstanden, ein Viertel davon im Auftrag der Heeresleitung und anderer Wehrmachtsstäbe.

Ein gutes Jahr nach Kriegsende erlebt der 170 V seine Wiedergeburt, als die amerikanischen Besatzungsbehörden im Sommer 1946 die Genehmigung erteilen, wieder Autos zu bauen – allerdings vorerst nur Nutz- und Einsatzfahrzeuge für die behördliche Infrastruktur und für das Gesundheitswesen. Insgesamt werden von diesen kargen Notbehelfen mehr als zweitausend Stück gebaut. Ab Juli 1947 ist der 170 V auch wieder als viertürige Limousine erhältlich – allerdings zunächst ausnahmslos schwarz lackiert. Obwohl mit dem Vorkriegsmodell äußerlich nahezu identisch, ist die

Die Ahnengalerie der Baureihe W 114/115

Bei dem ab Mai 1950 gelieferten 170 Va konnte man endlich den Kofferraum von außen öffnen, aber das Ersatzrad hatte noch keine Abdeckung.

Unten: Der gegenüber dem Grundmodell vereinfachte Dieseltyp 170 S-D war ab Juli 1953 erhältlich – hier mit rotem Probefahrt-Kennzeichen.

Oben rechts: Ein 170 S geht einer nicht gerade arttypischen Beschäftigung nach: Einsatz beim ADAC-6-Stunden-Rennen für Tourenwagen auf dem Nürburgring im Jahre 1950.

Gemischtbauweise nun einer zeitgemäßen Ganzstahlkarosserie gewichen. Geblieben ist freilich die typische schmale, mit Trittbrettern versehene Vorkriegskarosse, die den Innenraumkomfort spürbar einschränkt und zu herber Kritik führt. In Gestalt des Borgward Hansa 1500 gibt es nämlich einen modernen Konkurrenten.

Im Mai 1949 präsentiert Daimler-Benz mit dem geräumigeren und edler ausgestatteten, 52 PS starken 170 S gewissermaßen ein Interimsmodell. Der damalige Spitzentyp verkörpert die Prunklosigkeit, auf die sich das zertrümmerte Nachkriegs-

Deutschland zurückzuziehen hatte – der Chefwagen ist vorerst keine Limousine im Format eines Nürburg oder 320 mehr, sondern ein Vierzylinder mit bescheideneren Abmessungen. Der 170 S ist eine Art Baukastenauto mit dem überarbeiteten Triebwerk, dem Chassisrahmen und weiteren mechanischen Komponenten des 170 V, aber einer breiteren, geräumigeren Karosserie und vor allem einer neu entwickelten Vorderradaufhängung an Doppelquerlenkern und Schraubenfedern.

Ebenfalls im Mai 1949 wird die bereits während des Krieges konzipierte Diesel-Variante 170 D vorgestellt. Die Leistung des hier mit hängenden Ventilen ausgestatteten Triebwerks ist mit 38 PS die gleiche wie die des Benziners – genug für 105 km/h. Im Mai 1950 wird der 170 V durch den verbesserten 170 Va mit 1,8-Liter-Motor, 45 PS und nunmehr von außen zugänglichem Kofferraum ersetzt. Analog dazu wurde auch der Diesel überarbeitet. Der 40 PS starke 170 Da markiert einen Wendepunkt: 1951 werden erstmals mehr Diesel als Benziner verkauft. Die Diesel-Tradition der Untertürkheimer hat Fuß gefasst.

Im Februar 1952 wird der 170 S durch die rasch populäre Diesel-Variante 170 DS ergänzt. Gleichzeitig ersetzt der 170 Sb mit überarbeitetem Fahrwerk und Lenkradschaltung nun den 170 S. Im Mai 1952 wird die letzte Modellpflege-Maßnahme wirksam: 170 Vb bzw. Db wurden in erster Linie – allerdings behutsam – stilistisch modifiziert. Im September 1953 gehen die Hundertsiebziger in die letzte Runde. Dabei entstehen die preisgünstigen Auslauf- und Einstiegsmodelle 170 S-V und 170 S-D nach einem simplen Rezept: Chassis sowie Fahr- und Triebwerk der Modelle 170 Vb und 170 Db werden mit dem vereinfachten Aufbau der 170-S-Reihe gepaart. Im Herbst 1955 ist die Karriere der Hundertsiebziger mit einem Fertigungsergebnis von fast 150.000 Wagen definitiv beendet.

Mit selbsttragender Karosserie, später mit OHC-Motoren: Die Ponton-Generation W 120 und W 121

Im September 1953 präsentiert Daimler-Benz mit dem Typ 180 die erste vollständig nach dem Krieg entstandene Neukonstruktion. Unter der breiten Haube werkelt zwar immer noch der inzwischen auf 52 PS erstarkte seitengesteuerte Vierzylinder aus dem 170 Sb, und die hintere Pendelachse blieb ebenfalls nahezu unverändert – die augenfällige Neuerung besteht in der breiten, glattflächigen, erstmals selbsttragend ausgeführten

Die erste Generation der Flossenfamilie W 110 – hier ein 190 Dc vom Juni 1961 – wirkte im Bugbereich etwas kahl.

Pontonkarosserie. Das ungewohnt pummelige, kastenartige Styling wird von der konservativen Kundschaft zunächst vorsichtig zurückhaltend betrachtet, obwohl Luftwiderstand und Windgeräusche deutlich vermindert wurden, wobei der Innenraum um 25%, die Fensterfläche um 40% und der Kofferraum gar um 75% zugenommen haben. Neu ist auch der „Fahrschemel" – eine servicefreundlich komplett demontierbare Baugruppe aus Motor, Getriebe, Vorderradaufhängung und Lenkung. Trotz der tiefgreifenden Weiterentwicklung ist der 180 nur um 100 DM teurer als der 170 Sb. Im März 1954 folgt die vor allem vom Taxigewerbe sehnlich erwartete Diesel-Variante. Der 180 D besitzt das 40 PS starke ohv-Triebwerk des 170 S-D.

Im September 1955 wird das Fahrwerk der 180er durch die beim Sechszylinder-Typ 220a eingeführte Eingelenk-Pendelachse mit tiefliegendem Drehpunkt aktualisiert. Noch kann die komfortable Limousine nicht als adäquat motorisiert gelten. Es fehlt einfach an Temperament. Das ändert sich erst im Mai 1956 – dann aber gründlich: Seit dem Debüt des Roadsters 190 SL im Mai 1955 gibt es im Hause Daimler-Benz einen modernen, sportlich definierten und an den Sechszylindern orientierten Vierzylinder mit oben liegender

Die Ahnengalerie der Baureihe W 114/115

Die ab Mitte 1959 angebotene zweite Auflage der Ponton-Dieselversion 190 Db ist an der verbreiterten Kühlermaske zu erkennen.

Nockenwelle. Die Verpflanzung des deutlich auf 75 PS gedrosselten Triebwerks in die kleinere Ponton-Limousine führt im Mai 1956 zum Typ 190. Im August 1958 folgt die Dieselversion 190 D mit einem modernen, auf dem OHC-Ottomotor basierenden Triebwerk, das 50 PS abgibt.

Schon vorher, im Juni 1957, hat der 180 den längst überfälligen OHC-Vierzylinder erhalten, der hier nur noch 65 PS abgibt, und ist damit zum äußerlich aufgefrischten 180 a mutiert. Einen 180 Da gibt es nicht. Die 180er erleben im August 1959 ein Facelifting, das ihnen ein bulligeres Aussehen verleiht, und nennen sich nun 180 b bzw. 180 Db, wobei der Diesel noch immer von dem gewohnten OHV-Triebwerk angetrieben wird, das jetzt 43 PS leistet. Gleichzeitig erscheint der optisch identische 190 b mit nunmehr 80 PS. Mit dem 180 b nahezu identisch ist das ab Juni 1961 angebotene Auslaufmodell 180 c. Dessen Diesel-Variante 180 Dc besitzt endlich das aus dem 190 D bekannte, zwar im Hubraum vergrößerte, aber auf 48 PS zurückgefahrene OHC-Aggregat. Als die Fertigung der Ponton-Vierzylinder im Oktober 1961 eingestellt wird, sind fast 443.000 Wagen dieser Familie gebaut worden.

Mit Heckflossen, viel Platz und gigantischem Kofferraum, später sogar als Sechszylinder: Die Typenfamilie W 110

Im August 1961 wird der Ponton-190 b durch ein regelrechtes Baukastenmodell ersetzt: Der 190 c übernimmt Bodengruppe und Rohbaukarosserie der seit Herbst 1959 amtierenden Oberklasse W 111. Durch die Entwicklung der Einheitskarosserie ließen sich nicht nur Einsparungen bei den Entwicklungskosten erzielen, auch die Fertigung wird zum Preis einer gewissen Uniformität rationalisiert. Der vom Vorgänger übernommene 80-PS-Motor hat mit einem Mehrgewicht von 50 kg fertig zu werden. Durch die im August 1962

erstmals in der Mittelklasse erhältliche Getriebeautomatik wird das Temperament weiter verringert. Gleichzeitig mit dem Benziner erscheint zur Freude der Taxiunternehmer der 190 Dc, dessen OHC-Vorkammermotor konstruktiv dem Zweiliter-Triebwerk des parallel gefertigten 180 Dc entspricht, hier aber 55 statt 48 PS abgibt.

Während die Oberklasse im August 1965 mit der Baureihe W 108/109 weitgehend neu aufgestellt wird, bleibt den Modellen der Mittelklasse die flossenbesetzte Karosserie erhalten, wird aber einer umfassenden Modellpflege unterworfen. Zusätzliche Blink- und Parkleuchten unter den Scheinwerfern gliedern nun das Kühlergesicht und die Heckgestaltung wird harmonisiert. Mit den Zylinderabmessungen des Diesel-Triebwerks beläuft sich der Hubraum nun auf zwei Liter, woraus die Typenbezeichnung 200 bzw. 200 D folgt.

Erstmals taucht im August 1965 in der Mercedes-Mittelklasse – Opel und Ford sind auf diesem Gebiet bereits tätig – ein Sechszylinder auf: Das in den Typ 230 transplantierte 105-PS-Triebwerk stammt aus der Oberklasse, erweist sich aber mit seinen beiden Einfach-Vergasern als maßloser Säufer. Daher wird ein Jahr später die unveränderte Maschine des größeren 230 S mit zwei wirtschaftlicheren Registervergasern und 120 PS eingebaut, die für 180 km/h gut sind. Bis zum Produktionsstopp im Februar 1968 entstehen weit über 600.000 Einheiten der „kleinen Flossen", wie sie in Liebhaberkreisen heißen.

Mercedes-Benz Strich-Acht

Beim Nachfolger 200 ist die Frontansicht durch die kombinierten Leuchteinheiten unter den Scheinwerfern harmonischer gegliedert. Die großen Autos teilten sich die Einheitskarosserie mit den Oberklasse-Typen 220 b bis 300 SE.

Kapitel 3

Mittelklasse heißt durchaus nicht Mittelmaß

1963 fertigte Friedrich Geiger erste Skizzen für die Folgegeneration der Mittelklasse.

Form und Formfindung

Bis in die neunziger Jahre hinein war es in Untertürkeim üblich, bei der Präsentation eines neuen Modells die Entwicklung des Nachfolgetyps in Gang zu bringen. So begibt man sich nach der Vorstellung der Baureihe W 110 im Spätsommer 1961 unverzüglich an die „Grundsteinlegung" der Mittelklasse-Folgegeneration. Für das Gesamtkonzept ist der Chefingenieur des Hauses Daimler-Benz, Dr.-Ing. Fritz Nallinger, zuständig. 1965 tritt Dr. Hans Scherenberg seine Nachfolge an. Ressortchef der Karosserieentwicklung und damit für die Aufbaustruktur verantwortlich ist der Österreicher Karl Wilfert. Die Ausarbeitung der Stilistik erfolgt unter der Leitung des Chefdesigners Friedrich Geiger, liegt aber im Wesentlichen in den Händen des Franzosen Paul Bracq, der der Hauptabteilung Karosserievorentwicklung vorsteht.

Das Lastenheft umfasst die in der Vorstandsetage beschlossenen Vorbedingungen, die einen jähen Kontrast zur Heckflossen-Generation markieren:

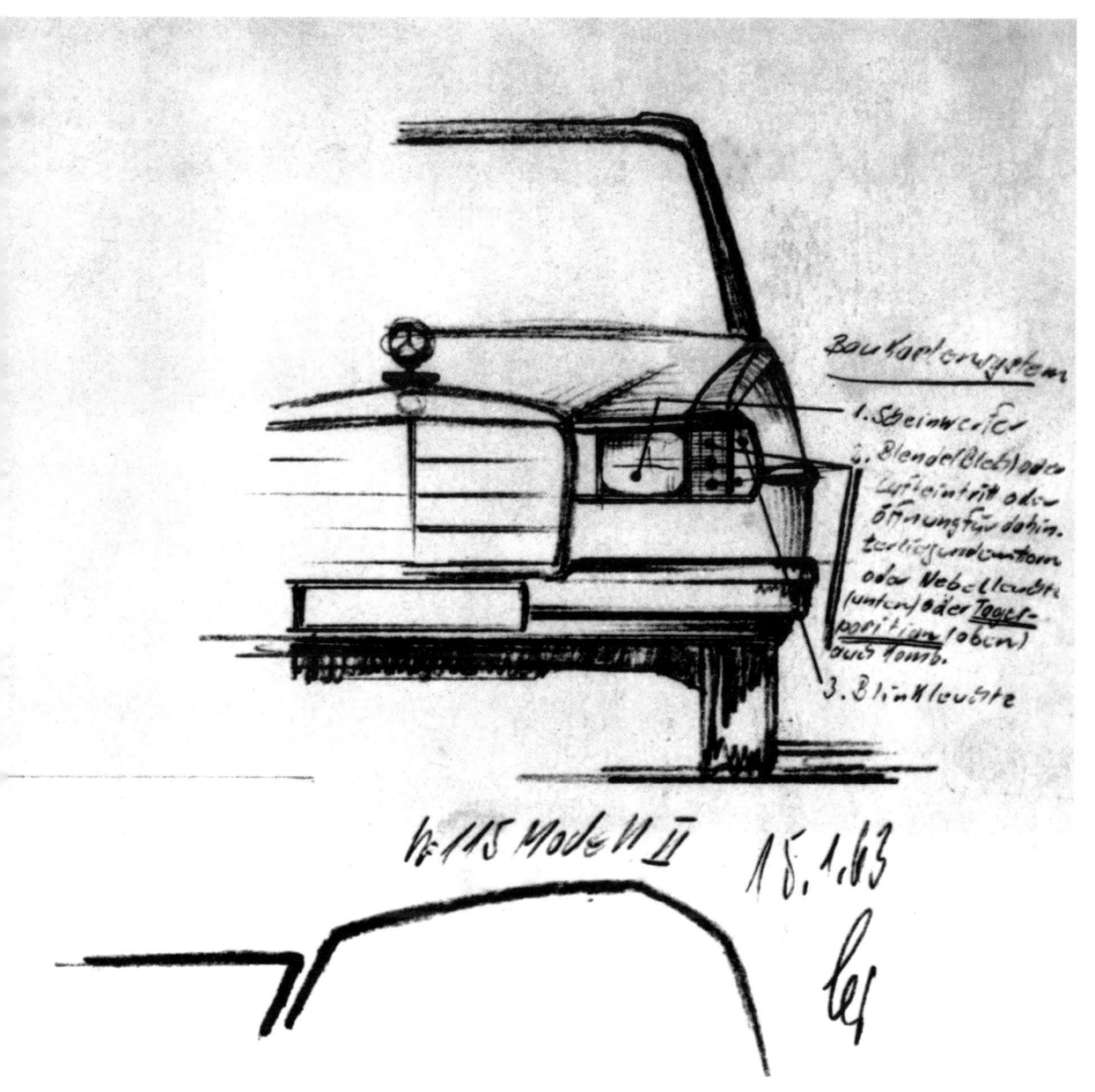

Mittelklasse heißt durchaus nicht Mittelmaß

Das dürfte eines der ersten offiziellen Pressefotos des 200/8 sein.

Diese Prämissen verlangen die Abkehr von der Einheitskarosserie und sehen damit völlig eigenständige Aufbauten für die Mittelklasse vor, fordern kompaktere Außenabmessungen bei weitgehend beibehaltener Innenraumgröße und die Vermeidung stilistischer Modetrends. Eine raumökonomisch und sicherheitstechnisch konzipierte Fahrgastzelle wirft keine größeren Probleme auf, dagegen erweist sich die eigentliche Formfindung als langwieriges Unterfangen. Schließlich befindet sich das Automobildesign anfangs der Sechziger im Umbruch – die Trapezlinie ist plötzlich ein alter Hut.

Zunächst umfasst der Entwicklungsauftrag zwei hierarchisch gestufte Varianten des Mittelklassemodells mit unterschiedlicher Frontgestaltung: Das untere Typensegment der Vierzylinder ist im ersten Konzept durch einen etwas nackt wirkenden Bug mit waagrechten Leuchteinheiten gekennzeichnet. Die Vertikal-Scheinwerfer, die an die Oberklasse-Modelle erinnern, bleiben den

Sechszylindern vorbehalten. Von dieser anfänglichen Zweigleisigkeit rührt die ungewöhnliche Tatsache her, innerhalb einer Baureihe zwei Baumuster-Codes zu verwenden: W 114 und W 115. Das stilistische Doppelspiel wird aus Gründen der Marketing-Psychologie Anfang 1965 aufgegeben, die im Entwicklungsprozess verankerte zweifache Baumuster-Bezifferung bleibt aber bestehen.

Im Frühjahr 1963 beginnt eine intensive Formdiskussion: Unzählige Detailskizzen und Gesamtansichten werden erörtert, bewertet, verworfen oder weiterverfolgt. Erst die dreidimensionale Ausarbeitung einer Anzahl von Holz- und Gipsmodellen im Maßstab 1:5 lässt die Güte der in die engere Wahl gezogenen Entwürfe erkennen. Mehr und mehr bildet sich eine schlichte, am räumlichen Körper des Quaders orientierte Linienführung heraus. Im August 1964 ist ein lebensgroßes Tonmodell fertig, das in seiner groben

Kleine Kinder und große Mercedes – ein beliebtes Fotomotiv ...
(Foto: Heinz Obländer)

Linienführung wie auch beim Gros seiner Stilelemente das spätere Serienprodukt zeigt. Auch ein Kombiwagen wird in die Überlegungen einbezogen. Am 13. Oktober 1964 findet schließlich die Formentscheidung für die Limousine durch den Firmenvorstand statt. Damit kann die Ausarbeitung des kantigen, dabei mit klaren, ruhigen Linien gezeichneten, grundsolide wirkenden Formkonzepts beginnen. Dieser Spagat ist – wie man heute weiß – gelungen. Am 3. September 1965 fällt dann auch der Formentscheid für den in Anlehnung an das amerikanische Idiom als „Stationswagen" bezeichneten Kombi. Diesem Projekt ist freilich keine sonderlich lange Lebensdauer beschieden ...

Unten links: Majestätisch thront das imposante Bergmassiv über dem 250/8.
(Foto: Uwe Sturhan)

Unten: Mit dem 250 Automatic, Jahrgang 1969, ging es zum Wintersport in die Dolomiten.
(Foto: Uwe Sturhan)

Mittelklasse heißt durchaus nicht Mittelmaß

Auch Regenwetter kann idyllisch sein – „wasserdicht verpackte" Kinder in Aachen anno 1975.
(Foto: Dr. Karl Ernst Klepper)

Rechts: Am Wochenende fährt Familie Homburg mit dem Mercedes 200/8 von 1974 ins Siebengebirge.
(Foto: Dr. Arno Homburg)

Im Sommer 1972 ging's nach Sylt: Familie Homburg fährt mit dem 1972er 200/8 im Autozug über den Hindenburgdamm.
(Foto: Dr. Arno Homburg)

Die vertraute Ausstrahlung der Marke ist auch in der Mittelklasse unverändert erhalten geblieben. Die von einem Mercedes gewohnte Formensprache ist auch bei einem flüchtigen Blick wiederzuerkennen. Eher konservativ geprägte Stilelemente wie Kühlermaske oder Leuchteinheiten und die teutonische Strenge der Proportionen wurden mit einem gewissen Quantum romanischen Formempfindens angereichert. Eine heute im Vordergrund stehende Einflussgröße spielt in den ausgehenden sechziger Jahren noch eine Nebenrolle – die Aerodynamik. Der Verkaufsstart der Strich-Acht-Modelle bleibt in dieser Hinsicht wie auch in triebwerkstechnischen Details noch unberührt von ökologischen Erwägungen. Die vierte Nachkriegs-Mittelklasse von Mercedes-Benz begnügt sich mit dem eher unterdurchschnittlichen Luftwiderstandsbeiwert $C_w=0{,}44$ – symbolisiert durch den in der ersten Bauphase der Strich-Acht-Modelle aufrecht-kantig im Wind stehenden Kühler. Citroëns avantgardistische DS glänzt im Vergleich dazu mit einem Cw-Wert von 0,36.

Streng genommen lebt die Formensprache der Neuen Generation aus der Harmonie ihrer Linien, denn im Grunde bietet sie nicht viel Neues: Sie orientiert sich deutlich an den Konturen der seit September 1965 erhältlichen Doppelbaureihe W 108/109 der Oberklasse mit den Modellen 250 S/SE und 300 SE. Dabei ist die zurückhaltend akzentuierte Familienähnlichkeit durchaus gewollt: Nach der Abkehr vom konsequenten Baukastenprinzip, das bei den Flossenmodellen (W 110, W 111, W 112) mit ihrer Einheitskarosserie in drei verschiedenen Preisklassen und letztlich auch auf drei sozialen Stufen vom Arbeitstier (200 D) bis hin zur Chauffeurslimousine (300 SE lang) zu einer ziemlich ausgeuferten Einförmigkeit führte, will man nun nicht gerade in das andere Extrem fallen. Erkennbare verwandtschaftliche Züge sollen bei aller Eigenständigkeit des stilistischen Konzepts die marktpsychologische Verbindung zur Oberklasse herstellen. Diese Anforderung wird auf geschickte Weise erfüllt.

Über Geschmack lässt sich bekanntlich nicht streiten – oder aber im Gegenteil sogar sehr leidenschaftlich. Mit dieser Philosophie kann natürlich auch das stilistische Ebenmaß der Strich-Acht-Limousinen bedacht werden. In der Tat wird das attraktive Erscheinungsbild der formalen Ausgeglichenheit, die im Gegensatz zur zerklüfteten Formgebung der Vorgänger glatt, ungehindert und widerspruchslos ins Auge geht, nicht immer wohlwollend aufgenommen. Was meistens als ausgesprochen wohlgestaltet gilt, wird zuweilen

Mercedes-Benz Strich-Acht

durchaus auch als monoton empfunden oder von Kritikern gar als langweilig und ausdruckslos bezeichnet. Denn immerhin bietet die gehobene Mittelklasse mit den Citroën-D-Modellen und dem NSU Ro 80 zwei avantgardistisch und dennoch gefällig gezeichnete Kontrapunkte.

In der Seitenansicht wirken die Strich-Achter mit ihrem nahezu mittig aufgesetzten Pavillon mit dem flachen Dach und der großen Fensterfläche, die gegenüber den Vorgängern um elf Prozent zugenommen hat, zusammen mit der abgesenkten Gürtellinie ausgesprochen ausgewogen.

Oben links: Bei einer solchen Winterreise – festgehalten 1969 mit einem Wohnwagen des Typs VFW Fokker 440 Luxus im Schlepp – sind Schneeketten dringend angeraten.

Oben: Auch bei diesem Exemplar hat man vorsichtshalber Ketten an den Hinterrädern aufgeschnallt ...

Links: In reizvollem Stilkontrast posiert ein 250/8 der ersten Serie vor historischem Gemäuer.

Die Übersichtlichkeit hat erkennbar gewonnen. Die Fenster der vier Türen sind durch senkrechte Streben unterteilt. Bei den Fondtüren wird so ein vollständiges Versenken der Seitenscheiben ermöglicht, während die bis zum großen Facelifting des Sommers 1973 gebräuchlichen Schwenkfenster der Vordertüren einer wirkungs-

Die zweite Serie der Strich-Achter erhielt ab August 1973 die schmutzabweisenden gerippten Rückleuchten.

Die klar gezeichnete vordere Leuchteinheit zeigt unverkennbar Paul Bracqs Handschrift.

vollen Sommerbelüftung dienen, aber wenig Widerstand gegen Autoeinbrüche bieten. Eine über die gesamte Wagenflanke verlaufende, mit einer Zierleiste besetzte Sicke dient wie die nach hinten flach auslaufenden Radausschnitte der optischen Streckung.

Die alberne Mode der kleinen Räder wurde auch bei Daimler-Benz gestoppt: Nach zwei Wagen-Generationen mit 13-Zoll-Rädern erhielt nun auch die Mittelklasse einen Felgendurchmesser von 14 Zoll. Auch der Radstand ist mit 2750 mm mehr als erwachsen, zumal er mit dem Achsabstand der um einiges größeren Oberklasse-Familie W 108/109 identisch ist. Die demgemäß kürzeren Überhänge der Strich-Achter verleihen dem optischen Auftritt eine Andeutung von stämmiger Vitalität.

Auch die Frontgestaltung der Baureihe W 114/115 greift das Rechteck-Thema auf. Die charakteristische Mercedes-Kühlermaske mit ihrer augenfälligen Symbolwirkung besitzt zunächst noch ein aus Aluminium-Druckguss gefertigtes Metall-Schutzgitter, das durch Chromstäbe in acht Felder unterteilt ist. Bei genauerem Hinsehen lassen sich durch dieses Detail die Angehörigen des Baumusters W 114 von denen der Typenfamilie W 115 unterscheiden: 230 und 250 verfügen – nicht zuletzt wegen des notwendigen höheren Luftdurchsatzes des Kühlers – über einen weitmaschigeren Grill als die Vier- und Fünfzylinder. Erstmals ist die traditionelle Kühlerverkleidung breiter als hoch und betont dadurch die Horizontale. Dem gleichen Zweck dient die im Vergleich zu den Vorgängern schmaler gewordene, hörnerlose Stoßstange, die mit einem kräftigen umlaufenden Gummiprofil besetzt ist. Die Kühleransicht des (vorläufigen) Spitzenmodells 250 wird durch zusätzliche gummibesetzte Stoßecken unter der Stoßstange wuchtiger gestaltet. Die Kühlluftöffnung setzt sich bei allen Modellen unterhalb der Stoßstange in der mit einer Zierleiste umsäumten Bugschürze fort.

Auch die Scheinwerfer folgen der stilistischen Vorlage des Rechtecks. Vertikal angeordnete Leuchteinheiten erschienen bei Mercedes-Benz erstmals 1957 am 300 SL Roadster (W 198 II), in die Großserie hielten sie 1959 bei den Heckflossen-Oberklassemodellen der Baureihe W 111/112

Mercedes-Benz Strich-Acht

Einzug. Die schlicht gezeichneten Leuchten der Strich-Achter erinnern formal etwas an die Roadster der Pagoden-Reihe W 113. Sie umfassen Fahr- und Standlicht, Blinker und die wahlweise als Sonderausstattung lieferbaren Nebelleuchten. Die nur bei zurückhaltendem Tempo einigermaßen effektiven gegenläufigen Schmetterlings-Scheibenwischer – bei höheren Geschwindigkeiten heben sie ab – scheinen der vergangenen Epoche der Panorama-Windschutzscheiben zu entstammen und werden heftig kritisiert. Auch in der Heckperspektive dominiert die Horizontale mit dem verchromten Heckscheibenrahmen, den chromumrandeten Rückleuchten, der abgesenkten Ladekante des kantigen Kofferraumdeckels und einer darunter umlaufenden Zierleiste.

Die Neue Generation ist bewusst kompakter, eben mittelklassetypischer ausgelegt, aber ihre Außenabmessungen sind gegenüber den Vorgängern nicht in dem Maße geschrumpft, wie es das luftige Styling vermittelt: Die Länge wurde um weniger als fünf Zentimeter vermindert, die Breite hat um 2½ Zentimeter abgenommen. Optisch weitaus stärker wirkt sich die um 5½ Zentimeter abgesenkte Wagenhöhe aus. Diese zurückgenommenen Dimensionen haben kaum Folgen für den Innenraum und Kofferraum. Die Innenabmessungen sind unvermindert ausgesprochen großzügig und das um zehn Prozent verringerte Volumen des Gepäckraums fällt angesichts eines Fassungsvermögens von noch immer 580 Litern kaum auf.

Bis zum Erscheinen der Coupés beschränkt sich das Angebot auf die viertürigen Limousinen. Der ursprünglich fest in die Modellpalette eingeplante und ziemlich weit gediehene Kombi erreicht zwar noch das Stadium des Fahrversuchs, wird aber bald gestoppt: Die Entwicklung des seitens des Vorstandes nur halbherzig verfolgten Fünftürers wird aus Gründen der Fertigungskapazität eingestellt. Um diesen Mangel an Konkurrenzfähigkeit wenigstens etwas zu entschärfen, unterstützt man ausgewählte unabhängige Aufbauhersteller im In- und Ausland bei der Produktion von Strich-Acht-Kombiwagen in Einzelanfertigung.

Und wieder ein nicht unbedingt glücklich dreinschauendes Kleinkind auf der Strich-Acht-Motorhaube – RID stand bis Juli 1972 für den Landkreis Riedenburg in der Oberpfalz, heute zum Landkreis Kelheim gehörig.
(Foto: Florian Batz)

Einige Vorserienwagen verlassen im Sommer 1967 die Fertigungsstraße im Werk Sindelfingen – links im Bild ein Pagoden-SL in US-Ausführung.

Mittelklasse heißt durchaus nicht Mittelmaß

Ein Kessel Buntes in Sindelfingen im Sommer 1967: Noch dominieren die Flossenmodelle der Baureihe W 110, aber die ersten Vorserienwagen der Folgegeneration W 114/115 schicken sich an, nach manueller Perfektionierung die Fertigungshalle zu verlassen.

Mercedes-Benz Strich-Acht

Bei der Herstellung der Vorserienautos ist noch Einiges in Handarbeit zu bewältigen.

Zeitgeschichte 1968-1969

1968
- 1 Liter Normalbenzin kostet durchschnittlich 0,62 DM.
- In der Bundesrepublik wird am 1.1.1968 die Mehrwertsteuer eingeführt (zunächst 10%, ab 1. Juli 1968 11%).
- Alexander Dubček wird Erster Sekretär der Kommunistischen Partei der Tschechoslowakei.
- Vic Elford und David Stone siegen bei der 37. Rallye Monte Carlo mit einem Porsche 911 T.
- Beginn der März-Unruhen in Polen.
- Der Sommer dieses Jahres wird zum Höhepunkt der Studentenrevolution und der Beginn der terroristischen Aktionen gegen den Staat.
- Ende des „Prager Frühlings" durch den Einmarsch von Truppen des Warschauer Pakts in die Tschechoslowakei.
- Die Surveyor 7 landet sicher auf dem Mond. Wenig später sendet die amerikanische Raumsonde Bildsignale von der Oberfläche an die Erde.
- Von den Beatles erscheint die Single „Lady Madonna".
- Der Bürgerrechtler Martin Luther King fällt in Memphis einem Attentat zum Opfer.
- Vic Elford und Umberto Maglioli gewinnen auf einem Porsche 907 die Targa Florio.
- In Los Angeles wird ein Attentat auf den US-Senator Robert F. Kennedy verübt. Er stirbt später an den Folgen.
- In London hat der Film „The Yellow Submarine" mit der Musik der Beatles Premiere.
- Das größte Luftkissenboot der Welt nimmt den Fährbetrieb über den Ärmelkanal auf.
- Jacqueline Kennedy heiratet den griechischen Milliardär Aristoteles Onassis.
- US-Präsident Lyndon B. Johnson verkündet die Einstellung des Luftkriegs gegen Nordvietnam.
- Graham Hill sichert sich durch seinen Sieg beim Großen Preis von Mexiko den Formel-1-Weltmeistertitel.
- Richard Nixon wird der 37. Präsident der USA.
- Die 36 km lange Brennerautobahn wird für den Verkehr freigegeben.
- Die Hongkong-Grippe fordert zwischen 750.000 und 1 Million Menschenleben.

1969
- 1 Liter Normalbenzin kostet durchschnittlich 0,56 DM.
- In Paris beginnt eine Konferenz zur Beendigung des Vietnam-Kriegs.
- In Washington wird Richard Nixon vereidigt.
- Björn Waldegaard gewinnt mit Beifahrer Lars Helmér die 38. Rallye Monte Carlo auf einem Porsche 911 T.
- In den USA absolviert das größte bis dahin gebaute Passagierflugzeug, eine Boeing 747, seinen Jungfernflug.
- Die Apollo 9 startet mit drei Astronauten an Bord.
- Gustav Heinemann wird zum Bundespräsidenten gewählt.
- Die ersten Menschen landen auf dem Mond.
- In Amerika findet das legendäre Woodstock Festival statt.
- Denis Hulme gewinnt in Mexiko den Grand Prix und sichert sich damit auch den WM-Titel.
- In den USA wird erstmals eine Fernsehsendung unter dem Namen „Sesamstraße" ausgestrahlt.

Mittelklasse heißt durchaus nicht Mittelmaß

Stapellauf eines W 115/115-Vorserienwagens in Sindelfingen, auf dem Conveyor darüber schwebt die Rohkarosserie einer Oberklasse-Limousine der Baureihe W 108/109.

Mercedes-Benz Strich-Acht

Nochmals Vorserienfertigung in Sindelfingen im Juni 1967: Im Hintergrund laufen noch die Vorgänger der Reihe W 110 vom Band und darüber ein S-Klasse-Vorläufer der Baureihe W 108/109 in Nordamerika-Version.

Kapitel 4

Eine feste Burg – wenn nur der Rost nicht wäre

Die Karosserie

Nach zwei Mittelklasse-Generationen – „Ponton" und „Flosse" – hat man sich bei der Baureihe W 114/115 wieder vom Fahrschemel verabschiedet. Auch wenn der Hersteller in seiner ihm eigenen, nicht immer nachzuvollziehenden Nomenklatur von „mittragend" spricht, kommt erstmals ein voll selbsttragender Aufbau zur Anwendung, der im Vergleich zu den Vorgängern weitgehend vereinfacht wurde. Die Karosserie ist mit der Rahmen-Bodenanlage zu einer festen Einheit verschweißt. Ein kräftiger offener Mittelträger bildet das Rückgrat. Der Stahlblechboden wird von den angeschweißten kastenförmigen Außenschwellern und einer Quertraverse versteift. Die Verringerung der Anzahl der Querträger hat keinerlei Auswirkungen auf die passive Sicherheit der Karosserie, denn in Sachen Unfallsicherheit zeigt man sich in Sindelfingen von jeher kompromisslos. Das umfangreiche Repertoire an Ergebnissen akribischer Unfallforschung zählt unbestritten zur Weltspitze.

Die Fahrgastzelle ist nach den Patenten Béla Barényis und der Daimler-Benz A.G. aus dem Jahre 1951 extrem steif konzipiert. Sie wird durch verformbare Bug- und Heckpartien – die „Knautschzonen" – ergänzt. Wie die Crashversuche mit fast 30 Prototypen zeigen, absorbieren diese erheblich weicheren Segmente ein hohes Maß an Aufprallenergie. In den sechziger Jahren ist es noch nicht möglich, das Gewicht einer unnachgiebigen Sicherheitszelle durch gezielten Leichtbau – beispielsweise durch Verwendung hochfester Stahlbleche mit reduzierter Materialstärke – zu kompensieren. Obwohl die Strich-Acht-Limousinen kompakter als ihre Vorgänger sind, bringen sie durchschnittlich 100 Kilogramm mehr auf die Waage. Ein 200/8 wiegt in Basisausstattung immerhin 1375 Kilogramm und fällt in seiner Klasse mit einem deutlichen Mehrgewicht – ein Opel Rekord 1900 Viertürer ist beispielsweise 265 kg leichter – aus dem Rahmen. Selbst der ähnlich stabile, mindestens ebenso haltbare und konsequent nach den Grundsätzen passiver Sicherheit gebaute Volvo 144 wiegt noch 130 kg weniger. Da erhält der Slogan „Sicherheit aus Schwedenstahl" einen neuen Sinn …

Gewiss ist das Gewicht nicht nur durch die Sicherheitsstrukturen bedingt – es spiegelt auch in

Mercedes-Benz Strich-Acht

Der einstige Glanz des Sterns beginnt zu verblassen: Scheunenfunde wie dieser sind selten geworden.
(Foto: Andreas Becker)

nahezu allen Bereichen die hohe Fertigungspräzision wider. Der Funktionsschliff ist bis ins Detail zu verfolgen. Das Schließen von Türen und Hauben vollzieht sich mit der sprichwörtlichen Sindelfinger Passgenauigkeit – das satte, dumpfe Geräusch des Türschlags ist längst legendär geworden. Die Funktion der Türschlösser erweist sich als völlig problemfrei – aus heutiger Sicht eine sonderbar anmutende Anmerkung, in den sechziger Jahren aber noch keineswegs eine Selbstverständlichkeit. Der hohe Standard der Verarbeitungsgüte zeigt sich gleichermaßen in den vergleichsweise geringen Spaltmaßen und in der weitgehenden Abwesenheit von Karosseriegeräuschen. Auch die Windgeräusche beschränken sich auf ein Minimum.

Dieses Loblied gerät aber jäh ins Stocken, wenn die Rede auf die mangelhafte Rostvorsorge der Strich-Achter kommt. In dieser Hinsicht ist die Neue Generation ihren als „Rostflosse" titulierten Vorgängern kaum überlegen. Der Kontrast zwischen dem gebrechlichen Blech einerseits und der überdurchschnittlich robusten Mechanik andererseits erscheint aus heutiger Sicht unverständlich und in gewissem Sinne ernüchternd, aber die Mercedes-Mittelklässler sind in dieser Disziplin ganz und gar Kinder ihrer Zeit: Alle Hersteller besorgen sich nach gutem kaufmännischem Grundsatz das Tiefziehblech auf dem Weltmarkt dort, wo es am billigsten ist. Und dabei kann es sich durchaus auch um Recyclingbleche minderer Materialgüte handeln. Ein schwacher Trost ist, dass es den Mitbewerbern auf dem Markt in diesem Zusammenhang keineswegs besser, eher noch deutlich schlechter geht. Eine Ausnahme ist Volvo, wo man frühzeitig teilverzinktes Stahlblech verbaut. Damit kann man den Rostbefall zwar

Eine feste Burg – wenn nur der Rost nicht wäre

Ein schnöder Altmetallcontainer dient bei einem Schrotthändler im Bayerischen Wald als Totenbett.
(Foto: Andreas Becker)

Unten Mitte: Dieser vom Rost befallene und teilweise gefledderte Diesel der zweiten Serie war im nordfranzösischen Département Haute-Marne zugelassen – darauf deutet die Kennziffer 52 hin.
(Foto: Hubert Rechmann)

Unten: Dieser von den Jahren sichtlich gezeichnete Strich-Achter der ersten Serie wartet bei einer Autoverwertung in Neuss auf einen Erretter.
(Foto: Hubert Rechmann)

Mercedes-Benz Strich-Acht

Eine „*Casse auto*" im nordfranzösischen Département Meuse: Das rustikale Dachträgersystem des Strich-Achters dient wohl der Stapelung einer weiteren Autoleiche.
(Foto: Hubert Rechmann)

Unten: Scheunenfund im osthessischen Vogelsbergkreis: Als Datum der Erstzulassung dokumentieren die Papiere dieses 200 D/8 den August 1971. Ob das Hufeisen ihm wohl noch Glück bringt?
(Foto: Andreas Becker)

Eine feste Burg – wenn nur der Rost nicht wäre

230/8 in seiner Urform: glatte Rückleuchten und kurzer Heckdeckelgriff, die Tankklappe bleibt allerdings während der gesamten Bauzeit der Baureihe W 114/115 unverändert.

eindämmen, aber auch nicht endgültig vermeiden. Als besonders rostgefährdet gelten die bis August 1971 gebauten frühen Strich-Acht-Modelle, ebenso aber auch die Fahrzeuge der ab August 1973 gefertigten zweiten Serie. Dazwischen bleibt allerdings keine beruhigende Zeitspanne für Autos mit potenziell „weißer Weste" …

Denn um eine planmäßige Hohlraumversiegelung bemüht man sich erst ab August 1971. Nach einer zweijährigen Phase der Besserung beginnt die Korrosionsanfälligkeit von Neuem, wird eher noch ausgeprägter: Von Sommer 1973 an führt Daimler-Benz – nicht zuletzt unter dem Druck der Kaufleute in der Untertürkheimer Verwaltung – preisgünstige Tiefziehbleche aus Nordamerika ein. Auf dem Höhepunkt der Stahlkrise bricht in der Folge horrender weltweiter Überkapazitäten in einem nahezu ruinösen Wettbewerb ein im wahrsten Sinne des Wortes schmutziger Konkurrenzkampf aus: In der Rohstahlproduktion wird ohne Skrupel unreiner Recyclingstahl verwendet, der sowohl einen relativ hohen Gehalt an ungebundenen Kohlenstoffen als auch einen nicht fraktionierten Kupferanteil aus eingeschmolzenen Kabelbäumen abgewrackter Fahrzeuge aufweist. Dieses Blech zeigt sich zusammen mit dem Sauerstoff aus Luft und Wasser auf Anhieb ziemlich reaktionsfreudig und neigt auf diese Weise zum chemischen Suizid durch interkristalline Korrosion. Weniger wissenschaftlich wird das rotbraune Endprodukt Fe_2O_3 alias Eisen(III)-Oxid gemeinhin als Rost bezeichnet.

Mercedes-Benz Strich-Acht

Oben: Für einige Zeit das Top-Modell der Baureihe W 114: Ein 250/8 genießt im Mai 1968 die salzige Seeluft seines ostfriesischen Heimathafens.

Ein 220 D der zweiten Serie offenbart sein aufnahmebereites Gepäckabteil mit der abgesenkten Ladekante.

Ein mit Nebelleuchten veredelter 250/8 hat den Aufstieg auf den Hohen Bopser oberhalb von Stuttgart hinter sich und parkt vor dem 1956 in Betrieb genommenen 217 Meter hohen „Urahn aller Fernsehtürme".

Mercedes-Benz Strich-Acht

Der Kofferraum der Strich-Acht-Limousinen hat ein Fassungsvermögen von 580 Litern, wie hier ein 200 D der ersten Serie demonstriert.

Unten: Endstation Schrottplatz: Traurige Strich-Acht-Überreste beim Autoverwerter Karl-Heinz Kreindl in Duisburg
(Foto: Hubert Rechmann)

Die Karosserie rostet vor allem im Verborgenen. Was versteckte und verwinkelte Hohlräume betrifft, sind die Strich-Achter regelrechte Anschauungsobjekte. Der aggressivste Rostbefall wütet heimlich im Dunkeln – solche Korrosionsnester, die die Aufbaustruktur unmerklich aber empfindlich schwächen, werden auch bei der Hauptuntersuchung von TÜV und Dekra nicht immer aufgespürt. Die wohl häufigste Problemzone ist der breite hinter dem Armaturenbrett, vor bzw. unter der Windschutzscheibe platzierte Lüftungs-Wasserkasten. Hier führt Rostbefall unerkannt zu Undichtigkeiten. Dadurch läuft unbemerkt Wasser in den Innenraum, entwickelt dort unter den Fußmatten regelrechte Feuchtbiotope und attackiert im Laufe der Zeit Längsträger und Innenschweller. Als weitere typische Angriffsfronten der Korrosion gelten die Wagenheberaufnahmen, die Unterkanten und Böden der Türen, die hinteren Radläufe bis in die Endspitzen und die Aufnahme der Hinterachse sowie der Kofferraumboden.

Eine feste Burg – wenn nur der Rost nicht wäre

Mercedes-Benz Strich-Acht

Unterschiedliche Kühlergitter bei der ersten Strich-Acht-Generation: Die Vierzylinder-Modelle besitzen – wie der 220 links – ein engmaschiges, aus Stahlblech gestanztes Schutzgitter, während das wegen des erhöhten Luftdurchsatzes weitmaschigere Gitter der Sechszylinder aus Aluminium-Druckguss besteht. Bei der zweiten Serie ab August 1973 besteht der Grilleinsatz dann generell aus Polyamid-Kunststoff.

Kapitel 5

Funktionalität und Haltbarkeit vor Gemütlichkeit

Innenraum und Bedienungselemente

Bei der Ausgestaltung des Interieurs blieb ein architektonischer Umsturz aus. Im Cockpit besteht die wichtigste und willkommenste Neuerung im Ersatz des ungeliebten senkrechten Zentralinstruments, des „Fieberthermometers", analog zu den Oberklasse-Typen durch drei konventionelle Rundinstrumente: rechts Tachometer, links Kombiinstrument mit Tankanzeige, Kühlmittelthermometer, Ölmanometer und drei Kontrollleuchten für Batterieladung, Tankreserve und Bremsfunktion und in der Mitte die deutlich kleinere Zeituhr. Diese wegen ihres störanfälligen elektromechanischen Aufzugs reichlich unzuverlässige Zeitanzeige kann gegen Aufpreis durch einen elektronischen Drehzahlmesser ersetzt werden. Das Informationszentrum ist in einem ovalen Gummirahmen gelagert und lässt sich mit einem einfachen Handgriff herausnehmen. Zunächst weitgehend unverändert blieb das markentypisch große Zweispeichen-Lenkrad mit dem dünnem Kranz, dem patentierten Pralltopf, der gepolsterten runden Prallplatte und dem oben abgeplatteten Signalring.

Durchaus eine Neuerung in der Mittelklasse stellt der bereits aus der Oberklasse-Baureihe W 108/109 bekannte Multifunktionshebel links an der Lenksäule dar, mit dem der Blinker, Lichthupe und die Scheibenwischer betätigt werden und das Auf- und Abblenden der Scheinwerfer geschieht. Mit einem kleinen Kippschalter auf diesem Hebel können die beiden Wischer-Geschwindigkeiten gewählt werden. Die elektrische Pumpe für das Scheiben-Waschwasser wird bei der Baureihe W 114/115 allerdings noch auf herkömmliche Weise per Betätigungsknopf im Fußraum in Gang gesetzt.

Dagegen geht die Frischluftzufuhr völlig neue Wege: Im Gegensatz zu sämtlichen Vorgänger-Baureihen, die lediglich über Defrosterschlitze vor der Windschutzscheibe und kleine seitlichen Belüftungsöffnungen am Armaturenbrett verfügten, wird der Luftdurchsatz nun um ein Vielfaches gesteigert. So sind die beiden runden seitlichen Austritte im Durchmesser deutlich gewachsen, besitzen schwenkbare Luftleiteinsätze, wobei die Luftmenge über Handhebel gesteuert werden kann. Das eigentliche Novum ist der quadrati-

Mercedes-Benz Strich-Acht

Die Limousinen der Typenfamilie W 114/115 sind noch heute zuverlässige, komfortable und geräumige Reisegenossen. Familie Schneider reist mit einem zeitgenössischen Dachzelt aus den Siebzigern.
(Foto: Moritz Schneider)

sche Frischluftaustritt in der Mitte des Armaturenbretts, der vom Hersteller als Sommerbelüftung bezeichnet wird. Schwenkbare Jalousien und ein per Drehschalter betätigtes dreistufiges Gebläse bieten bisher völlig unbekannte vielfältige Luftverteilungs- und Mischungsmöglichkeiten. Die Entlüftung des Innenraums erfolgt durch Kiemen an den C-Säulen, die von den Aluminiumblenden des Dachrinnenfortsatzes verdeckt werden.

Zweifellos lässt die Bestückung des Armaturenbretts kaum Wünsche offen, und die chromumrandeten Instrumente vermitteln den Eindruck gewohnt gediegener Qualität und offensichtlicher Haltbarkeit. Dennoch wirkt das Cockpit-Finish irgendwie nüchtern, fast antiseptisch. Die matten, schmucklosen Kunststoffoberflächen passen nach Ansicht vieler Kunden mit ihrer Sterilität kaum zur Preisklasse der Wagen. Bescheidenes Holzfurnier gibt es im Gegensatz zu späteren Jahrgängen erst beim (einstweiligen) Spitzenmodell 250. Die Polster- und Verkleidungsstoffe sind zwar von hoher Dauerhaftigkeit und sehr strapazierfähig, hinsichtlich Farbgebung und Dessin jedoch reichlich bieder. Der serienmäßige Bodenbelag besteht aus gerippten Gummimatten, die

Funktionalität und Haltbarkeit vor Gemütlichkeit

Mit zusammengeklapptem Dachzelt geht's bergauf: Selbst Mercedes-Benz hätte den Strich-Acht nicht besser in Szene setzen können wie hier vor der Kulisse der oberitalienischen Seen.
(Foto: Moritz Schneider)

sicher leicht sauber zu halten sind und durch dicke Unterschäumung ansatzweise ein Komfortgefühl bieten. Gewebter Teppichboden ist nur als aufpreispflichtige Sonderausstattung erhältlich. Nur beim 250 ist immerhin der Fondfußraum mit Bouclé ausgelegt.

Die Sitzanlage kann man zu den ausgesprochenen Stärken der Wagen zählen. Die Konturen sind orthopädisch fundiert, die Polsterung ist gewohnt hart, und die Sitzflächen bieten vorne wie hinten mit jeweils 47 cm Länge genügend Oberschenkelauflage. Die atmungsaktiven Bezüge der Serienpolster sind ebenso anatomisch korrekt wie der riesige Verstellbereich der Vordersitze. Vorne sind ausschließlich Einzelsitze lieferbar, die gegen Aufpreis mit Liegesitzbeschlägen ausgerüstet werden können. Ab Februar 1969 zählt dieses Extra bei den Sechszylindern zur Basisausstattung, ab September 1972 auch beim Rest der Palette. Polsterbezüge und Federkerne sind markentypisch wie eh und je auf lange Lebensdauer ausgelegt. Zum Serienanlauf gibt es die Stoffbezüge der Grundausstattung in acht Farbtönen. Das Angebot der aufpreispflichtigen, als MB-Tex bezeichneten Kunstledervariante enthält elf Farbtöne,

matikgetriebes. Weitaus weniger positiv wird die bei den Strich-Acht-Modellen erstmals verwendete Fuß-Feststellbremse gesehen: Die bisherige Stock-Handbremse wurde durch ein links im Fahrerfußraum angeordnetes Pedal ersetzt, dessen Betätigung einen ziemlichen Kraftaufwand erfordert, um die volle Wirkung zu erzielen. Das Lösen erfolgt mit einem links an der Armaturenanlage platzierten Zugknopf. Bei amerikanischen Wagen ist diese Bauart seit langem gebräuchlich und auch von der Citroën DS mit Halbautomatik bekannt. Weniger routinierte Fahrer vermissen dabei zunächst eine feinmotorische Dosierbarkeit, beispielsweise beim Anfahren an einer Steigung. Das Handbuch verrät bei solchen Sorgen jedoch einen Trick: Der besteht letztlich darin, die Kupplung bei noch angezogener Bremse und eingelegtem Gang bis zum Druckpunkt „kommen" zu lassen, dann die Entriegelung zu betätigen und Gas zu geben. Auch die Betätigung der Reinigungsanlage der Windschutzscheibe wird nicht selten beanstandet: Angesichts der elektrisch unter Druck gesetzten Scheibenwascher bei einigen Konkurrenzmodellen wirkt die pneumatisch wirkende Fußpumpe der Strich-Achter reichlich antiquiert.

Norwegisches Weihnachtsmotiv südlich von Trondheim: Der 220/8 von Frode Willmann mit Erstzulassung 5. Januar 1973 präsentiert sich bis heute im unrestaurierten Originalzustand.

die an der Sitzfläche perforierten Lederbezüge sind in ebenso vielen Nuancen erhältlich. Velours-Polsterung gibt es als Sonderausstattung ab Mai 1972 für die Spitzenmodelle 280 und 280 E, ab Anfang 1975 auch für die übrigen Modelle.

Erstmals kann beim Vierganggetriebe ohne Preisunterschied zwischen der gewohnten Lenkradschaltung und einer sportlicheren Stockschaltung in Wagenmitte gewählt werden, wobei die Mittelschaltung eine ungleich bessere Schaltpräzision bietet. Die gleiche Alternative gilt für den Wählhebel des als Sonderausstattung erhältlichen Auto-

Funktionalität und Haltbarkeit vor Gemütlichkeit

Innenausstattung des Ersthandautos von Frode Willmann mit blauer Serienpolsterung, Code 003.

Armaturenbrett eines 220 D der ersten Ausführung bis Sommer 1969: großes Lenkrad mit abgeflachtem Signalring, zweiteilige Mittelkonsole mit kleinem Aschenbecher, Lenkradschaltung.

Rechte Seite: 1968 zeigt sich der Strich-Acht als Taxi traditionell noch ganz in Schwarz. Die erforderliche Spezialausrüstung mit Taxameter ist eine Sonderausstattung.

Mercedes-Benz Strich-Acht

Links: Noch vor der großen Modellpflege zur Serie 2 erhalten die Strich-Achter im Februar 1973 ein dick umschäumtes Sicherheitslenkrad und einen umschäumten Mittelschalthebel. Im August 1973 ergänzen weitere Detailänderungen das Interieur, wie die glatte Schalthebelmanschette und die mit Symbolen versehenen Kontrollleuchten im Kombiinstrument. Hier sitzen wir in einem 240 D 3.0 des Jahrgangs 1974.

Kapitel 6

Komfort und Kurvenfreude mit der Schräglenkerachse

Fahrwerk, Fahreigenschaften und Fahrkomfort

Die herausragende Neuerung der Strich-Achter und damit ihr Sahnestück ist die völlig neu konzipierte Hinterachse. Der längst überfällige Wechsel zur zeitgemäßen Schräglenkerachse, der in der Fachpresse geradezu als Sensation gehandelt wird, kann – auf das Haus Daimler-Benz bezogen – nach nahezu vier Jahrzehnten Pendelachse in verschiedenen Bauformen als kleine Revolution gesehen werden. Nach der hauseigenen Nomenklatur wird das allerdings nicht ohne weiteres augenfällig, denn der Hersteller bezeichnet die neue Konstruktion zwar im Rahmen der technischen Funktionalität korrekt, im Kontext zu den Mitbewerbern aber irritierend als „Diagonal-Pendelachse". Bis zu diesem Resultat waren in der mehr als sechsjährigen Entwicklungsphase fünf hintere Radaufhängungs- und Antriebssysteme konzipiert und erprobt worden. Vorbedingung war dabei, die Fahrsicherheit drastisch zu steigern und dabei den bisherigen Fahrkomfort zumindest beizubehalten.

Neu ist diese hintere Einzelradaufhängung keineswegs: In den Serienbau hielt sie 1950 im Lancia Aurelia Einzug, nachdem sie bereits 1947 als „unabhängige Hinterradaufhängung mit schrägstehenden Längslenkern" für die Turiner Firma patentiert worden war. In der Großserie wurde sie ab Mitte der fünfziger Jahre verwendet: zunächst im Fiat 600 und danach im kleineren 500. In Deutschland sind mit dieser Konstruktion seit 1962 die BMW Modelle der „Neuen Klasse", die Typen 1500, 1800 und 2000 und deren Folgetypen ausgerüstet.

Bei den Strich-Acht-Modellen werden die Hinterräder an Lenkern geführt, deren Drehachsen schräg zur Fahrtrichtung liegen. Durch diese Anordnung ändert sich der Sturz der Hinterräder beim Durchfedern nur geringfügig. Die Schräglenker-Hinterachse verringert die Spur- und Sturzänderungen der bisherigen, in ihrer letzten Bauform zweifellos hoch entwickelten Eingelenk-Pendelachse mit tiefliegendem Drehpunkt um die Hälfte. Die beim Bremsen auftretenden Momente werden über die Lenker abgestützt, dadurch wird

Begegnung in den Bergen: Zwischen den beiden Mercedes-Mittelklasse-Modellen liegen vier Generationen und rund 42 Jahre, 250/8 – die kleinen Seitenleuchten deuten auf einen Reimport aus Italien hin – und ein Angehöriger der Baureihe W 212 (ab Herbst 2009).

Komfort und Kurvenfreude mit der Schräglenkerachse

Tapfer kämpft sich ein früher Strich-Achter durch den frischen Tiefschnee der Stuttgarter Martinstraße.

Die Schräglenker-Hinterachse – von Daimler-Benz als „Diagonal-Pendelachse" bezeichnet – stellt 1968 für die Stern-Anbeter eine Fahrwerks-Revolution dar.

Mercedes-Benz Strich-Acht

Im Jahr 1969 dient den Versuchsingenieuren der Stuttgarter ein Wohnwagen des Typs VFW 440 Luxus für ausgedehnte Wintertests.

Winterreise ins Gebirge – mit M&S-Bereifung und zur Traktionsverbesserung kräftiger Zuladung im Kofferraum.

Beinahe könnte man meinen, es handele sich hier um ein Strich-Acht-Wintertreffen in Zürs am Arlberg ...

ein Ansteigen des Wagenhecks verhindert. Vorbei – die Zeit der „O-Beine" beim heftigen Bremsen, bei schneller Kurvenfahrt oder beim Ausfedern auf Bodenwellen. Radführung und Antrieb sind nun völlig voneinander getrennt. Die Räder werden durch Doppelgelenkwellen mit Gleichlaufgelenken angetrieben. Als kostenpflichtige Sonderausstattung können die Wagen mit einer hydropneumatischen Niveauregulierung ausgerüstet werden, die ein Absinken des Wagenhecks bei Belastung verhindert – angesichts des großzügigen Fassungsvermögens des Kofferabteils für häufig und mit viel Zuladung Reisende sicher überlegenswert.

Die Vorderradaufhängung wird zwar als Neukonstruktion bezeichnet, entspricht aber in der Grundkonzeption der bisherigen Doppelquerlenker-Bauweise, bei der die Räder durch je eine Schraubenfeder abgestützt werden. Die Achsschenkel sind nun in wartungsfreien Kugelköpfen gelagert, die eine weitaus präzisere Geometrie erlauben als die bisherigen Achsschenkelbolzen. Im Anti-Dive-Effekt wird das unangenehme Eintauchen des Wagenbugs beim Bremsen durch die Verschränkung der Querlenkerachsen gegeneinander vermindert. Die erstmals wartungsfrei ausgeführten Gelenke vereinfachen den Service vor allem bei längeren Reisen – das alle 5000 Kilometer fällige Abschmieren gehört der Vergangenheit an.

Die Lenkung gehört nach wie vor der Kugelumlauf-Bauart an. Ein Zahnsegment ersetzt nun den Lenkfinger. Der dadurch mögliche größere Radeinschlag vermindert den Wendekreisdurchmesser gegenüber den Vorgängermodellen um 80 Zentimeter. Die Normallenkung ist mit 4,6 Lenkradumdrehungen von Anschlag zu Anschlag ausgesprochen phlegmatisch und noch indirekter als beim Vorgänger ausgelegt. Mit drei Lenkradumdrehungen von einem Volleinschlag zum anderen ist die als Extra gelistete Servolenkung deutlich direkter definiert. Ein weiteres Novum: Erstmals ist ein Mercedes-Benz-Fahrwerk auf die Verwendung von Gürtelreifen abgestimmt, für die jedoch zunächst als Sonderausstattung noch eine Aufzahlung nötig ist. Die Verwendung von Radialreifen wird durch eine weichere Fahrschemel-Lagerung möglich gemacht, die die Konsequenz des härteren Abrollens mindert und ein Dröhnen des Aufbaus verhindert.

Die Bremse wurde ebenfalls aktualisiert und an das moderne Fahrwerkskonzept angepasst. Mit ihren großzügig bemessenen Vierrad-Scheibenbremsen ziehen die Wagen der Neuen Generation sowohl mit der Oberklasse-Baureihe W 108/109 als auch mit den im Sommer 1966 lancierten Konkurrenten aus dem Norden, der 140er-Reihe von Volvo, gleich. Möglich machen das die nun verwendeten 14-Zoll-Räder an Stelle der 13-Zöller bei den Vorgängern, die an den Hinterrädern noch Trommeln hatten. Da auch der Unterdruck-Bremskraftverstärker vergrößert wurde, erweisen sich die Bremsen der Strich-Acht-Typen als ausgesprochen standfest, da völlig fadingfrei, dadurch absolut alpentauglich bei guter Dosierbarkeit.

Reichlich merkwürdig mutet die Tatsache an, dass man hinsichtlich der Zwei-Kreis-Anordnung bei der altmodischen Konfiguration mit getrennten Bremskreisen für Vorder- und Hinterachse geblieben ist, zumal viele Hersteller längst zur Zwei-plus-eins-Gruppierung übergegangen sind, bei der im Ernstfall einer der beiden vorderen Bremskreise mit einer der Hinterradbremsen zusammenwirkt. Die umstrittene fußbetätigte Feststellbremse wirkt als sogenannte Servo-Innenbackenbremse auf zusätzliche Hilfstrommeln an den hinteren Bremsscheiben. Rückblickend muss sie wegen der wenig feuchtigkeits- und streusalzresistenten Übertragungsorgane als permanente Mängelquelle bei der zweijährlich fälligen Hauptuntersuchung bezeichnet werden. Schon bei der ersten TÜV-Untersuchung – im damaligen Rhythmus nach bereits zwei Jahren – gab es hier laut Statistik bei immerhin 13 Prozent der vorgefahrenen Wagen der Baureihe W 114/115 Beanstandungen. Den Flossenmodellen der Baureihe W 110 Fahrsicherheit abzusprechen, wäre ungerecht und unsachgemäß. Sie war ohne Zweifel besser als ihr Ruf, was selbst im Motorsport – man denke an Eugen Böhringer und an seine epischen Ritte in den Sechzigern im 220 SEb, 300 SE und 230 SL – unter Beweis gestellt wurde. Allein die unzureichende Sturzkonstanz, aus der das Manko der

Oben: Als offizielle Sonderausstattung stehen die geschmiedeten Leichtmetallräder der Firma Fuchs für einen Mehrpreis von 1332 DM ausschließlich den beiden Spitzenmodellen 280 und 280 E zur Verfügung.

Unten: Ein 230.6 der zweiten Strich-Acht-Generation zeigt Dynamik. Die Scheinwerfer-Wischer sind ab Juli 1972 als Sonderausstattung erhältlich.

Komfort und Kurvenfreude mit der Schräglenkerachse

nicht gleichbleibend stabilen Seitenführungskräfte folgte, war von Nachteil – vor allem bei welliger oder nasser Fahrbahn. Das Erscheinen der Neuen Generation bereitet indessen auch dieser Schwäche ein Ende:

Das Fahrverhalten entspricht bei einer geringfügigen Neigung zum Untersteuern nahezu dem Ideal der Neutralität. Diese in fast allen Lebenslagen gutmütige Auslegung bietet auch weniger begabten Fahrern ein hohes Maß an Sicherheit, wirkt aber wenig sportlich. Bisher ungewohnt hohe Kurvengeschwindigkeiten sind mühelos beherrschbar. Erst im Grenzbereich wird ein gemäßigtes, leicht korrigierbares Nach-außen-Drängen des Wagenhecks spürbar. Die Richtungsstabilität ist über jeden Zweifel erhaben, dagegen wäre die hohe Windempfindlichkeit nach heutigen Maßstäben inakzeptabel.

Die Wintertüchtigkeit wird in zeitgenössischen Tests paradoxerweise als ausreichend bezeichnet, stellenweise gar gelobt. Erfahrungsgemäß ist der Vortrieb an langen verschneiten Steigungen auch mit M&S-Reifen freilich bald am Ende. Das ist aber keineswegs ein Grund zur Verzweiflung: Ein großer Sandsack oder ein paar Granit-Randsteine im Kofferraum schaffen Abhilfe, und schließlich sind die Klassenkameraden – mit Ausnahme der Citroën-D-Modelle, des Renault 16 und der VW-Heckmotortypen – beim Wintersport auch nicht besser … Bei aller Kritik sind die Strich-Achter von der ausgeprägten Winterproblematik der Vorgängermodelle aber meilenweit entfernt. Das liegt einerseits an den größeren 14-Zoll-Rädern, zum anderen an der nunmehr ausgeglichenen Gewichtsverteilung auf die Vorder- und Hinterräder im Verhältnis 50:50 bei den Vierzylinder-Modellen und 53:47 bei den Sechszylinder-Typen.

Gewohnt vorbildlich ist der Fahrkomfort: Der Federung merkt man die überaus intensive Entwicklungsarbeit an – sie ist schlicht und einfach optimal abgestimmt. Sie spricht subtil an und beweist ein hervorragendes Schluckvermögen. Mit großen Bodenwellen kommt sie ebenso zurecht wie mit kleinwelligen Unebenheiten. Weniger rühmenswert ist der Geräuschkomfort bei höheren Geschwindigkeiten. Da machen auch die ohnehin rau laufenden Sechszylinder keine Ausnahme.

1970 steht Citroën kurz vor der Markteinführung des Teldix-ABS von Telefunken-Bendix, die schließlich an finanziellen Problemen des französischen Automobilherstellers scheitert. 1975 übernimmt Bosch die Patente und Lizenzen von Teldix und steigt mit W 114-Limousinen in die Erprobung ein. Der dunkle Wagen bleibt beim Bremsvorgang lenkbar und kann dem Hindernis ausweichen. Der helle Wagen rutscht ohne ABS mit blockierten Rädern in das Hindernis.
(Foto: Bosch AG)

Mercedes-Benz Strich-Acht

Oben: Bereits im Winter 1968/69 wird die Mercedes-Benz Unfallforschung aktiv und trifft nach Verständigung durch die Polizei am Unfallort ein, wenn ein eigenes Produkt in den Vorfall verwickelt ist. Dem hier gezeigten Strich-Achter kommt die B-Säule abhanden, dem seltenen Autobianchi A111 ergeht es noch schlimmer.

Auch die für damalige Verhältnisse sehr hohen Sicherheitsstandards haben ihre Grenzen: Bei diesem Unfall im österreichischen Burgenland 1979 kollidiert ein Taxi der zweiten Strich-Acht-Serie mit einem Zug.
(Foto: Benedek Molnar, Pinkafeld)

Kapitel 7

Sparsam, bieder oder rassig – für jeden etwas

Motorensortiment und Modellpalette

Im Umsturzjahr 1968 beginnt mit der Strich-Acht-Baureihe eine bisher nie dagewesene Modellvielfalt. Im fast achtjährigen Verkaufszeitraum werden in verschiedenen zeitlichen Ebenen insgesamt elf unterschiedlich motorisierte Limousinen angeboten: Diesel mit vier und fünf Zylindern und Benziner mit vier und sechs Zylindern, Vergasermotoren, aber auch mechanische und elektronische Einspritzer. Beim Start der Baureihe W 114/115 sind sechs, um die Mitte der Modelllaufzeit acht und gegen Ende der Karriere sogar zehn Viertürer im Programm. Die vielfältigen Modellbezeichnungen rangieren von 200 D bis 280 E. Dazu gesellen sich auf gleicher Plattform fünf Coupés und drei Limousinen mit langem Radstand.

Grundsätzlich ist der Code W 114 den Sechszylindern (230 bzw. 230.6, 250, 280 und 280 E) vorbehalten, während die Vierzylinder-Benziner (200, 220 und 230.4), sowie die Vier- und Fünfzylinder-Diesel (200 D, 220 D, 240 D und 240 D 3.0) dem Baumuster W 115 angehören. Dabei bleiben die 115er deutlich länger in der Produktpalette als die Reihensechser. Weil sich die Nachfrage auch kurz vor dem ursprünglich geplanten Modellwechsel nicht zuletzt wegen des Zuspruchs aus dem Taxigewerbe noch auf hohem Niveau bewegt, verlassen die letzten Strich-Achter mit Vierzylinder-Triebwerken erst im Dezember 1976 das Band. Die Folgebaureihe W 123 ist da schon seit Februar 1976 auf dem Markt. Eine derart ausgeprägte Überschneidung zweier Modellreihen hatte es zuvor noch nie gegeben.

Während die Konzeption des Fahrwerks einen gewaltigen Technologiesprung darstellt und die Karosserie in jeder Hinsicht zeitgemäß wirkt, gelten die Triebwerke – zumindest die Benzinmotoren – trotz Weiterentwicklung und Überarbeitung unter Fachleuten als veraltet. Kein Wunder, denn ihre Entwicklung geht teils 18 Jahre zurück. Erst vom Frühjahr 1972 an wird das Motorenangebot stückweise modernisiert.

Badeurlaub in Südfrankreich mit dem Sechszylinder der ersten Strich-Acht-Generation: Die „Omma" auf dem Dach erweitert das gewiss nicht geringe Kofferraumvolumen – und den Kraftstoffkonsum ... *(Foto: Thomas Lenz)*

Auch zum Pferdetransport wie hier 1974 in Aachen erfreuen sich die Strich-Achter großer Beliebtheit. *(Foto: Dr. Karl Ernst Klepper)*

Karl Bechmanns Strich-Achter hilft im nordhessischen Kellerwald bei der Bergung eines 800 kg schweren Güldner-Schleppers vom Typ AX – bei 1200 kg gebremster Anhängelast für den 200 D/8 von 1974 eine durchaus machbare Aufgabe. *(Foto: Karl Bechmann)*

Sparsam, bieder oder rassig – für jeden etwas

Strich-Acht-Zugmaschine im Juli 1975 an der Westfälische Reit- und Fahrschule in Münster
(Foto: Dr. Karl Ernst Klepper)

Die Vierzylinder-Benzinmodelle (W 115)

200 und 220

Ungeachtet ihrer abweichenden Baumusternummer – M 115 statt M 121 – entsprechen die beiden Vierzylinder-Benzinmotoren in ihrem Grundaufbau dem in der Vorgängerreihe verwendeten Zweiliter, der im Prinzip schon seit 1955 existierte. In jenem Jahr ging dieses Triebwerk mit dem gleichen Entwicklungscode im zweisitzigen Roadster 190 SL in Serie. Mit seiner durch eine Duplexkette angetriebenen obenliegenden Nockenwelle galt der M 121 damals als eines der modernsten Aggregate, dem beim Erscheinen eine gewisse Sportlichkeit durchaus nicht abzusprechen war. Für den Typ 200/8 wurden die Zylinderabmessungen des Zweiliter-Blocks beibehalten. Beim zusätzlich ins Programm genommenen Typ 220/8 wurde der Kolbenhub bei unveränderter Bohrung durch Einbau einer anderen Kurbelwelle um 8,8 Millimeter vergrößert. Der auf diese Weise entstandene Langhuber zeigt die dafür charakteristische drehmomentstarke Auslegung, die Laufruhe zählt aber nicht gerade zu seinen Stärken. Das raue Naturell des 2,2-Liter wird in der Folge durch Feinabstimmungs-Maßnahmen gemildert. Er läuft dann etwas kultivierter, laut bleibt er aber dennoch. Außerdem ist ihm sein überdurchschnittlicher Ölverbrauch kaum abzugewöhnen.

Während der Zweiliter wie beim Vorläufer 95 PS leistet und sich dabei durch stärker dimensionierte Motorlager spürbar laufruhiger und mit Hilfe eines veränderten Nockenprofils elastischer zeigt, gibt der im oberen Drehzahlbereich drehunwillige Motor des 220 auf brummige Weise 105 PS ab.

Die Neugestaltung der Gemischaufbereitung dient – wir schreiben das Jahr 1968! – weniger der Zügelung des Kraftstoffkonsums, sondern dem spontaneren Ansprechen auf Gaspedalbewegungen und geschmeidigeren Übergängen. Dazu wird die Solex-Zweivergaseranlage des Flossen-200 sowohl beim 200/8 als auch beim 220/8 durch einen einzelnen Stromberg-Flachstromvergaser ersetzt, der nach dem Gleichdruckprinzip arbeitet. Im Herbst 1970 weicht die manuelle Kaltstartvorrichtung einer Startautomatik.

Bei der Düsseldorfer Familie Rechmann besaß die Mercedes-Baureihe W 114/115 von jeher hohen Stellenwert. Der linke Wagen – vom Familien-Picknick im Jahre 1978 fast verdeckt – ist ein 240 D 3.0 und befindet sich unverändert im Familienbesitz, der gelbe 240 D rechts zeigt ein mittlerweile historisch gewordenes Kennzeichen: Die Kombination „D" für Düsseldorf mit einem Buchstaben plus vier Ziffern steht für den alten Kreis Düsseldorf, der bei der Gebietsreform 1972 zum Kreis Mettmann (Autokennzeichen ME) wurde.

Mercedes-Benz Strich-Acht

230.4

Im August 1973 löst der Typ 230.4 den nicht sonderlich geschätzten 220 ab. Das Suffix „4" dient zur Unterscheidung vom Sechszylinder mit dem gleichen Hubraum. Neben der Übernahme der Kurbelwelle des Typs 200 wurde die Zylinderbohrung beträchtlich erweitert. So wurde aus dem Langhuber ein zeitgemäßer, ausgesprochen überquadratisch definierter Motor. Der Hubraum ist auf 2277 cm³ angewachsen – ein Volumen, das im Automobilbau üblicherweise auf sechs Zylinder verteilt ist. Die Überarbeitung des größeren der beiden Benzin-Vierzylinder gilt auch dem Wärmehaushalt: Der Thermostat wurde zum Kühlmitteleinlass verlegt.

Das heftig monierte Laufgeräusch wurde grundlegend verbessert: Ein hydraulischer Stoßdämpfer am vorderen Lagerpunkt des Motors absorbiert unerwünschte Schwingungen. Der Durchmesser der Einlassventile ist wesentlich größer geworden, und der Ansaugtrakt wurde überarbeitet.

Unfreiwilliger Fototermin: Diese beiden Dokumentarfotos ließ Rudolf Pirker von seinem sehr frühen Strich-Achter (200 D vom Dezember 1967, Stoßstangenecken vom 250/8 nachgerüstet) 1975 und 1976 fast um die gleiche Zeit von der österreichischen Gendarmerie in Villach machen – Kosten jeweils 80 Schillinge. Heute steht dieses Auto im Villacher Fahrzeugmuseum der Familie Pirker.
(Foto: Landespolizeikommando Kärnten / Rudolf Pirker)

Diese Maßnahmen dienen nicht etwa der Leistungssteigerung – das Potenzial stieg nur relativ geringfügig von 105 auf 110 PS bei abgesenkter Nenndrehzahl –, sondern einer elastischeren Charakteristik durch einen flacheren Drehmomentverlauf. In dieser Disziplin ist der 230.4 dem gleichnamigen Sechszylinder überlegen und wurde dazu im Gegensatz zu seinem Vorgänger auch noch ausgesprochen drehfreudig. Ziemlich mühelos werden jetzt 6000 Touren erreicht.

Im Orient und in Nordafrika – wie hier 1985 auf dem „Taxibahnhof" von Marrakesch – erfreuen sich die robusten und relativ einfach zu wartenden Strich-Acht-Modelle hoher Wertschätzung. *(Foto: Werner Tröger)*

Rast auf der Fahrt nach Sulden im Vinschgau, Südtirol, etwa 1976. Der ahorngelbe (Farbcode 606) 200/8 der Familie Unsöld ganz rechts wird bei Elmar Unsöld noch heute in hohen Ehren gehalten. Ganz links steht ein nickelgrüner (Farbcode 870) 200/8 Automatic und dazwischen ein brandneuer 220 D/W 123.

Die Sechszylinder-Benzinmodelle (W 114)

230 bzw. 230.6

Der Methusalem der Triebwerkspalette der Strich-Acht-Familie ist der 2,3-Liter-Sechszylinder der Baureihe M 180, der im Typ 230 eingebaut wird. Er entspricht im Wesentlichen nicht nur der Antriebsquelle des Vorgängers aus der Flossengeneration, sondern ist ein direkter Abkömmling des ersten nach dem Zweiten Weltkrieg entwickelten Mercedes-Sechszylinders: Der M 180 wurde 1951 im Typ 220 (W 187) vorgestellt, wobei das OHC-Triebwerk weitaus moderner war als der Rest des zugehörigen Automobils. Ohne Zweifel war er bei seinem Erscheinen das fortschrittlichste deutsche Großserienaggregat. 17 Jahre später ist der M 180 jedoch merklich angegraut. Mit seiner nur vierfach gelagerten Kurbelwelle, seinen nicht gerade seidenweichen Laufeigenschaften und seinem zögerlichen Antritt entspricht er nicht mehr dem Stand der Technik. Eine neu konzipierte Motorlagerung hat zwar die rustikale Betriebskultur verbessert, das Maß aller Dinge ist er jedoch längst nicht mehr – das wird demnächst der nahezu turbinenhaft laufende BMW-Sechszylinder sein, der im Herbst 1968 eingeführt wird.

Mercedes-Benz Strich-Acht

Vater Rechmann – rechts im Bild bei der Beseitigung einer kleinen Störung – kaufte 1976 diesen 240 D 3.0 als Neuwagen, obwohl die Folgegeneration W 123 schon „um die Ecke" kam. Der Wagen hat in der Familie Rechmann bis heute im erstklassigen Originalzustand überlebt.
(Foto: Hubert Rechmann)

Links: Als Sprit aus heutiger Sicht noch wirklich billig war und der Dieselpreis unter 1 DM lag: Nachwuchsmannschaft beim Dieseltanken, festgehalten im Spätsommer 1979.
(Foto: Dr. Karl Ernst Klepper)

Ein 200/8 (Herbstbeige 430), fotografiert 1976 bei einer Zwangspause wegen defekter Benzinpumpe auf dem Ballon d'Alsace im Süden der Vogesen. Mutter und Sohn Buch nützen die Wartezeit zum Indiaca-Spiel.
(Foto: Joachim Buch)

Nach wie vor fungieren die beiden ebenso voluminösen wie delikat einzustellenden Zenith-Fallstrom-Registervergaser des Typs 35/40 INAT mit Startautomatik als Gemischfabriken. Dagegen wurde die Nockenwelle zur Verbesserung des Drehmomentverlaufs im unteren Drehzahlbereich neu profiliert. Die Motorleistung wird unverändert mit 120 PS angegeben. Damit ist der 230 durchaus kein langsames Auto – fast 180 km/h sind im Bereich des Möglichen –, andererseits gilt er im Reigen seiner Mitbewerber nicht gerade als Ausbund an Temperament. Zumindest auf akustische Weise sportlich klingt der für dieses Triebwerk charakteristische heisere Bariton, der beim Hochdrehen ertönt. Der Durchschnittsverbrauch von 16 bis 17,5 l/100 km fällt in jenen Tagen nicht aus dem Rahmen des Üblichen. Äußerlich ist der 230 am weitmaschigen Gitter der Kühlerverkleidung zu erkennen. Die Modellbezeichnung wird im August 1973 in 230.6 geändert, um den Sechszylinder vom neuen Vierzylinder gleichen Hubraums zu unterscheiden. Von den üblichen Modellpflegemaßnahmen abgesehen, bleibt die Technik im Großen und Ganzen unangetastet. Der 230 ist ab August 1968 auch als Hotel- oder Flughafentaxi mit einem um 650 mm gestreckten Radstand erhältlich.

250

Im Vergleich zur vorangegangenen Baureihe W 110 wurde das Typenangebot mit dem Typ 250 nach oben erweitert. Das Spitzenmodell ist mit dem 2,5-Liter-Sechszylinder des Baumusters M 114 motorisiert. Wenn der Hersteller auch hier von einer Neukonstruktion spricht, so stützt sich die Technik in ihren Grundzügen noch erkennbar auf den Ur-Sechszylinder M 180. Der Motor des 250 ist mit verkleinerten Zylinderbohrungen aus dem 2,8-Liter-Triebwerk M 130 der Oberklasse (W 108/109) entstanden. Während die Zenith-Zweivergaseranlage mit der des 230 identisch ist, ist die Kurbelwelle des M 114 siebenfach gelagert. Die Höchstleistung von 130 PS lässt die Überschreitung der 180-km/h-Marke zu. Der Verbrauch liegt auf dem ansehnlichen Niveau des 230.

Sparsam, bieder oder rassig – für jeden etwas

Rechts: Auch bei den Vierzylindern erfreut sich die Getriebeautomatik großer Beliebtheit. Bei diesem 200 der ersten Serie ist sie noch mit einer hydraulischen Kupplung kombiniert, erst im August 1973 erscheint der Drehmomentwandler.

Man muss genau hinsehen, wenn man den 250 in der Meute der Strich-Achter entdecken will: Neben dem größer karierten Kühlerschutzgitter, das auch der 230 trägt, gibt sich das Spitzenmodell in der Frontansicht durch eine doppelte Stoßstange und ein verchromtes Gitter auf dem Frischlufteinlass vor der Windschutzscheibe zu erkennen. Die Innenschweller sind mit verchromten Blechen verkleidet. Diesen zurückhaltenden Schmuck bekommt man allerdings nur kurz beim Einsteigen zu sehen …

Der 250 verkauft sich in Nordamerika besser als auf dem Heimatmarkt – dort ist eben Hubraum durch nichts zu ersetzen. Doch bei den neu eingeführten Abgasbestimmungen der US-Umweltbehörde EPA zeichnet sich eine Senkung der Grenzwerte ab, die mit der vorhandenen Triebwerksauslegung verfehlt werden könnten. Ab Juli 1970 wird deshalb die US-Export-Ausführung des 250 mit dem niedriger verdichteten 2,8-Liter-Triebwerk des 280 S ausgerüstet. Statt der 140 PS bei der Oberklasse-Limousine gibt dieser Motor

Vorübergehend übernimmt der 250/8 die Rolle des Spitzenmodells – bis im Frühjahr 1972 die 280er erscheinen. Äußeres Kennzeichen ist die vordere Doppelstoßstange.

namens M 130 wie sein Vorgänger M 114 weiterhin 130 PS ab. Ab August 1972 erhalten auch die für den Inlandsmarkt bestimmten 250er die 2,8-Liter-Maschine. Analog zu den zu diesem Zeitpunkt vorgestellten, über dem 250 platzierten DOHC-Typen 280 und 280 E werden – nicht zuletzt aus fertigungstechnischen Gründen – der Tankinhalt und der Durchmesser der vorderen Bremsscheiben vergrößert.

280 und 280 E

Im Mai 1972 erhält die Familie der Strich-Acht-Limousinen ihre neue, definitive Oberschicht, als die neuen Topmodelle 280 (mit Vergasermotor) und 280 E (als Einspritzer) ausgeliefert werden. Das Herzstück der Top-Modelle, die bald als „Mercedes für BMW-Fahrer" apostrophiert werden, ist ein zeitgemäßer und optisch wie in seinen Eckdaten rassiger Zwei-Nockenwellen-Sechszylinder. Sein Zylinderblock stammt zwar noch immer von der bisherigen Triebwerksfamilie ab, das unter dem Code M 110 entwickelte Trieb-

1970 platzieren die Mercedes-Werksfotografen diesen eleganten schwarzen 250/8 in historischem Ambiente.

Mercedes-Benz Strich-Acht

werk hat mit ihr aber nur noch wenig gemein. Die beiden DOHC-Motoren sind in erster Linie für die im September 1972 zu erwartende Oberklasse-Nachfolgegeneration W 116 – die übrigens erstmals offiziell als S-Klasse bezeichnet wird – konzipiert worden, feiern aber nun ihr Debüt eine Stufe tiefer, in kompakter Verpackung.

Das augenfälligste Detail des M 110 ist der Leichtmetall-Zylinderkopf mit den beiden obenliegenden Nockenwellen – die eine für die großen Einlass-, die andere für die Auslassventile, die über leichte Schwinghebel betätigt werden. Diese Bauart im Sinne der Jaguar-, Lotus- und Alfa-Romeo-Triebwerke spricht spontan die Kenner und Liebhaber von Sportmotoren an. Die Nockenwellen sind in einem Käfig gelagert, der servicefreundlich vom eigentlichen Zylinderkopf getrennt werden kann. Angetrieben werden sie von einer Duplex-Rollenkette. Die V-förmig im Winkel von 52 Grad hängenden Ventile erlauben halbkugelförmige Brennräume für einen bestmöglichen Verbrennungsablauf, der neben der gesteigerten Motorleistung auch für eine Minderung der Schadstoffe im Abgas sorgt. Die Gasführung ist auf Leistungsoptimierung angelegt: Ansaug- und Abgastrakt liegen nach dem Querstromprinzip einander gegenüber.

Der Zylinderblock wurde auf der Basis des M 130 des 280 S/SE weiterentwickelt, wurde aber durch zusätzliche Rippen und Verstärkungsstege wirkungsvoller versteift. Die Bohrung wurde um einen halben Millimeter zurückgenommen. Bei unverändertem Kolbenhub ergibt sich ein Hubraum von 2746 cm^3. Die Kurbelwelle läuft wie beim M 130 in sieben Gleitlagern, weist aber zur Verbesserung der Laufruhe zwölf statt der ursprünglich acht Gegengewichte auf. Ein Zweimassen-Schwingungsdämpfer tilgt feinste Vibrationen.

Während der 280 von einem neuentwickelten Solex-Doppel-Registervergaser der Bauart 4A1 versorgt wird, ist der 280 E mit der von Bosch gemeinsam mit dem Volkswagenwerk entwickelten, elektronisch gesteuerten Saugrohreinspritzung D-Jetronic ausgerüstet. Diese erste großserienfähige Bauart einer elektronischen Benzineinspritzung tritt bei Daimler-Benz erstmals Anfang 1969 im 250 CE aus der Familie der Mercedes-Strich-Acht-Coupés auf die Bühne und wird im entsprechenden Kapitel ausführlicher behandelt.

Während der Vergaser-280 mit einer konventionellen Spulenzündung auskommt, ist der 280 E

Links: Der 230.6 der zweiten Serie – hier ein 1974 gebauter Wagen – entspricht in seiner Technik fast gänzlich der ersten Auflage. Das bewährte Triebwerk stammt im Prinzip immerhin aus dem Jahre 1951.

Rechts: Im Sommer 1971 hielt ein Werksfotograf dieses Vorserienmuster des offiziell erst ab Mai 1972 erhältlichen 280 E fest.

Sparsam, bieder oder rassig – für jeden etwas

Spitzenmodell unter den Strich-Acht-Limousinen: Der 280 E ist zusammen mit dem 280 an der bis zu den hinteren Radausschnitten gezogenen Heckstoßstange, an den beiden Auspuff-Endrohren und an den fülligeren Gürtelreifen der Dimension 185 HR 14 zu erkennen.

Ansicht eines Kraftwerks: Der formschöne M 110 (Baumuster 110.981) des 280 E bzw. 280 CE aus den Jahren 1971 bis 1976 besitzt einen Querstrom-Zylinderkopf mit zwei obenliegenden Nockenwellen und wird von der elektronisch geregelten D-Jetronic gespeist.

Mercedes-Benz Strich-Acht

mit einer elektronischen Transistorzündung ausgerüstet. Beide Motoren verfügen über einen Drehzahlbegrenzer, der ein Überdrehen der schnellen Maschinen – beispielsweise bei längeren Autobahngefällen – verhindert. Das Triebwerk des 280 leistet bei 5500/min 160 PS. Der 280 E gibt bei 6000/min seine Höchstleistung von 185 PS ab. Trotz einer ansehnlichen spezifischen Leistung von 67,4 PS/l spricht man in der Untertürkheimer Motorenkonstruktion von einem „Drosselmotor", der im Interesse der Standfestigkeit als solcher konzipiert wurde. Dieses Triebwerk hätte

Der 160-PS-Vergasermotor des Baumusters 110.921 im 280/8 wird von dem neu entwickelten Solex-Doppel-Registervergaser 4 A 1 versorgt, der den bei den übrigen Sechszylindern paarweise verwendeten Zenith 35/40 INAT hinsichtlich Unempfindlichkeit und Wartung weit überlegen ist.

Der Programmeinstieg in die Strich-Acht-Benzinmodelle wird vom 95 PS starken 200/8 markiert – hier ein Vertreter der zweiten Generation.

Sparsam, bieder oder rassig – für jeden etwas

Die Nebelschlussleuchte unter der Stoßstange zählt ab November 1970 zum Serienumfang und die Gürtelreifen der Dimension 175 SR 14 – hier sind es Michelin ZX – gehören ab Juni 1974 zur Grundausstattung der Vierzylindertypen.

Unten: Laufruhe zählt nicht vorrangig zu den Stärken des 2,2-Liter-Diesel im 220 D/8, dem dazu ein überdurchschnittlicher Ölverbrauch nachgesagt wird.

72

Mercedes-Benz Strich-Acht

Der ebenso drehmomentstarke wie geschmeidige 230.4 löst im August 1973 den verhältnismäßig unkultivierten 220/8 ab.

Der Fünfzylinder-Dieselmotor OM 617 D 30 alias 617.910 im 240 D 3.0 aus dem Jahre 1974 entstammt dem Triebwerks-Baukasten und leistet 80 PS.

Sparsam, bieder oder rassig – für jeden etwas

ohne weiteres deutlich mehr als 200 PS abgeben können. Man hatte sich auch um eine fülligere Drehmomentkurve bemühen können – die neuen Sechszylinder sind Vollblutrenner geworden, die ihre Kraft aus hohen Drehzahlen schöpfen, ohne dabei an Laufkultur zu verlieren. Hingegen zählen Durchzugsvermögen und Elastizität im unteren Drehzahlbereich nicht gerade zu ihren Stärken.

Tankinhalt und Vorderradbremsen der beiden 280er werden gegenüber dem Rest der Strich-Acht-Familie dem sportlichen Auftritt angepasst. Die beiden DOHC-Sechszylinder werden nicht selten mit dem optionalen Fünfgang-Getriebe geordert, das ab März 1969 zunächst ausschließlich für die Strich-Acht-Coupés erhältlich ist, bis es im Mai 1971 der gesamten Sechszylinder-Palette zur Verfügung steht. Hintergrund ist allerdings weniger eine sportlichere Abstufung der Gänge als eine Senkung des Drehzahlniveaus bei höherer Geschwindigkeit. Die Spitze – beim 280 liegt sie bei 185 km/h, der 280 E übertrifft 200 km/h – wird hier unverändert im direkt übersetzten vierten Gang erreicht, während der Fünfte Schongang-Charakteristik besitzt.

Äußerlich sind diese hoffnungsvoll sportiven Strich-Achter an ihren hinteren Stoßstangen zu erkennen, die wie bei den im Frühjahr 1969 erschienen Coupés bis an die rückwärtigen Radausschnitte reichen. Ein weiteres Merkmal sind die fülligeren Gürtelreifen der Dimension 185 HR 15. Die Breite des Felgenbetts beträgt 6 Zoll an Stelle der 5½ Zoll beim Rest der Typenpalette. Für die 280er können als Sonderausstattung erstmals Leichtmetallräder geordert werden: die geschmiedeten Fuchs-Räder, die später in Liebhaberkreisen als „Barockfelgen" bezeichnet werden.

Mit einer Spitze von 150 km/h zeigt der ab Oktober 1974 ausgelieferte 240 D 3.0 auf den Autobahnen häufig seine Heckansicht.

Mercedes-Benz Strich-Acht

Sparsam, bieder oder rassig – für jeden etwas

Die Vierzylinder-Dieselmodelle (W 115)

200 D und 220 D

Die Diesel-Präsenz, die heute nicht nur bei den Taxi-Ständen, sondern ebenso auf der Überholspur der Autobahn zum Alltagsbild gehört, beginnt gegen Ende der sechziger Jahre Gestalt anzunehmen. Die Diesel-Personenwagen – vor allem die mit dem Stern am Kühler – haben es erreicht, sich jenseits eines polternden und rußenden Nutzfahrzeug-Images zu emanzipieren und endlich salonfähig zu werden. Von der revolutionären Common-Rail-plus-Turbolader-Technik ist man natürlich noch weit entfernt. Dennoch beginnt auch beim Diesel ganz allmählich ein gewisses Leistungsbewusstsein, wie gewohnt mit Vorkammereinspritzung und zwei Ventilen pro Zylinder, aber mit viel Komfort und nach wie vor mit eiserner Verlässlichkeit und einer überdurchschnittlichen Lebenserwartung.

Die Diesel-Hierarchie der Modellreihe W 115 beginnt bei den Typen 200 D und 220 D. Ihr Triebwerk des Baumusters OM 615 – wobei „OM" für den antiquierten Begriff „Oel-Motor" steht – erscheint auf den ersten Blick mit dem der Vorgänger identisch. Auch der OM 621 der „Flosse" hatte bereits eine fünffach gelagerte Kurbelwelle. Aber das Innenleben ist hinsichtlich erhöhter Lebensdauer und Standfestigkeit überarbeitet worden. Die oberen drei Kolbenringe der modifizierten Leichtmetallkolben sind nun molybdänveredelt. Die Nocken-Gleitbahnen und die Ventil-Schlepphebel wurden verbreitert, um die Lebenserwartung des Ventiltriebs anzuheben, der darüber hinaus einen neuen Kettenspanner erhielt: Eine gebogene, teflonbeschichtete Gleitschiene ersetzt das bisher benützte Spannrad und senkt damit den Geräuschpegel. Eine modifizierte Motoraufhängung unterdrückt die beim Dieselmotor so lästigen Schwingungen. Dadurch ist das arttypische Nageln im Innenraum nur noch gedämpft wahrnehmbar. Die Motorleistung blieb im Vergleich zum Vorgänger mit 55 PS unverändert. Damit ist auch der 200 D/8 kein Ausbund an Temperament und gibt sich gefühlt lahmer als ein Citroën 2 CV 6 aus der zweiten Hälfte der siebziger Jahre – auch wenn die tatsächlichen Fahrleistungen dann doch gegen die „Ente" sprechen.

Die 60 PS starke 2,2-Liter-Version des OM 615 im 220 D weist die gleichen konstruktiven Elemente wie das Triebwerk des 200 D auf. Er basiert auf dem 2,2-Liter-Vergasermotor des 220/8 und besitzt dessen Zylinderabmessungen. Was sich

Zeitgeschichte 1970-1971

1970
- 1 Liter Normalbenzin kostet durchschnittlich 0,55 DM.
- In Deutschland wird die Lohnfortzahlung nun auch im Krankheitsfall per Gesetz garantiert.
- Björn Waldegaard und Lars Helmér gewinnen zum zweiten Mal in Folge die Rallye Monte Carlo mit einem Porsche 911.
- Das amerikanische Duo Simon und Garfunkel landet mit „Bridge Over Troubled Water" einen Welthit.
- Bundeskanzler Willy Brandt und DDR-Ministerpräsident Willi Stoph treffen zum ersten innerdeutschen Gipfel zusammen.
- Paul McCartney verlässt die Beatles, die sich wenig später auflösen.
- Auf der Apollo 13 explodiert ein Sauerstofftank und bringt die dreiköpfige Besatzung in größte Gefahr.
- Ulrike Meinhof befreit Andreas Baader aus der Haft in West-Berlin.
- Probebohrungen in der Nordsee führen zur Entdeckung großer Ölvorkommen.
- Jochen Rindt verunglückt im italienischen Monza tödlich. Trotzdem wird er aufgrund seines uneinholbaren Punkte-Vorsprungs zum Fomel-1-Weltmeister erklärt.
- Bei General Motors stehen die Fließbänder wegen eines Lohnstreiks still.
- Mitglieder der terroristischen Baader-Meinhof-Bande rauben in Berlin drei Geldinstitute aus.
- Gary Gabelich stellt in seinem Raketenauto mit 1001,67 km/h einen neuen Land-Speed-Rekord auf.

1971
- 1 Liter Normalbenzin kostet durchschnittlich 0,58 DM.
- Während einer Kältewelle in Europa sinken die Temperaturen unter -40 °C.
- Rolls-Royce meldet Konkurs an.
- Die sowjetische Saljut 1 wird als erste Raumstation in die Erdumlaufbahn geschickt.
- In Washington demonstrieren 300.000 Menschen gegen den Vietnam-Krieg.
- MBB stellt in München die erste Magnet-Schwebebahn der Welt vor.
- In der DDR löst Erich Honecker Walter Ulbricht ab und wird damit neuer Erster Sekretär des SED-Zentralkomitees.
- Ein Elektromobil von Opel erreicht auf dem Hockenheim-Ring eine Geschwindigkeit von 240 km/h und wird damit zum Rekordhalter.
- Die drei Kosmonauten der Sojus 11 werden tot aus ihrer Raumkapsel geborgen.
- Die Apollo 15 landet auf dem Mond und setzt erstmals ein bemanntes Fahrzeug auf dem Mond ab.
- Jackie Stewart wird nach dem Großen Preis von Österreich Formel-1-Weltmeister.
- Bundeskanzler Willy Brandt besucht den sowjetischen Staats- und Parteichef Leonid Breschnew auf der Krim.
- Die Deutsche Bundesbahn nimmt den Intercity-Verkehr auf.
- Im britischen Brands Hatch verunglückt der Schweizer Rennfahrer Jo Siffert während eines Formel-1-Rennens tödlich.
- Bundeskanzler Willy Brandt erhält den Friedensnobelpreis.

Die auf den Türen veröffentlichten Daten deuten auf einen 200 D hin. Er stammt aus der zweiten Serie, muss einige Umbauten (Türrahmen, Gepäckträger) erdulden und fungiert hier bei einer Reise in die Schweiz als Hotel.
(Fotos: Claudius Gebhard)

beim Benzinmotor nachteilig auswirkt, gerät beim Diesel geradezu zum Segen: Die langhubige Auslegung führt zu einem erstaunlichen Durchzug bereits im unteren Drehzahlbereich. Neben dem langen Hub ist es die große Schwungmasse, die für diese Kraftentfaltung sorgt. Kein Wunder, dass der 220 D zum erfolgreichsten Strich-Acht-Typ überhaupt wird.

Beim Temperament der beiden Basis-Diesel der Strich-Acht-Reihe darf man keine Wunder erwarten: Der 200 D ist beim Beschleunigen behäbiger als selbst ein VW Käfer 1300, mit seiner Spitzengeschwindigkeit von 130 km/h ist er allerdings überlegen. Der 220 D dagegen zieht vergleichsweise vehement durch und beginnt an Autobahnsteigungen dem traditionellen „Schnecken"-Image untreu zu werden – vom Hindernis wird er zum Aktivisten. In der Standard-Beschleunigung nimmt er dem 200 D fast fünf Sekunden ab und erreicht nahezu die 140-km/h-Marke. Wichtiger ist, dass beide Diesel gegenüber ihrem Vorläufer merklich ruhiger geworden sind und in allen Drehzahlbereichen – bei 4350/min wird ohnehin abgeregelt – deutlich kultivierter laufen. Analog zum 230 gibt es auch vom 220 D eine achtsitzige Langversion, die es trotz eines 60-prozentigen Aufschlags auf den Listenpreis der Normalausführung immerhin auf eine Stückzahl von mehr als 4000 bringt.

240 D

Im Sommer 1973 erhält das Strich-Acht-Dieselduo Zuwachs: Zeitgleich mit der großen Modellpflegeaktion zum Modelljahr 1974, von der noch ausführlich die Rede sein wird, wird parallel zum ebenfalls neu vorgestellten Benziner 230.4 die Produktion des 240 D aufgenommen. Ihn treibt ein 65 PS starker 2,4-Liter-Motor namens OM 616 an, der durch Erweitern der Zylinderbohrung aus der Maschine des 220 D entwickelt wurde. Trotz des Aufbohrens ist eine leicht langhubige Auslegung erhalten geblieben. Weitere Unterschiede zum Stammtriebwerk bestehen in den größeren Ventilen, in überarbeiteten Kurbelwellen-Lagern, die nun zur Erhöhung der Standfestigkeit eine Laufschicht aus einer Aluminium-Legierung erhalten haben, und in einem Ölkühler, der die Standfestigkeit bei längeren schnellen Autobahnfahrten sichert. Aus dem gleichen Grund wurde die Motoröl-Füllmenge von vier auf fünf Liter erhöht. Die vergrößerte Ölwanne kommt gleichzeitig auch 200 D und 220 D zugute. Während die Höchstgeschwindigkeit gegenüber dem 220 D nur unwesentlich zugenommen hat, vollzieht der 240 D die Standard-Beschleunigung von null auf 100 km/h um spürbare 4,5 Sekunden schneller als der 220 D. Auch vom 240 D befindet sich eine für Mietwagenfirmen gedachte Langversion im Lieferprogramm, die es auf die ansehnliche Länge von 5330 mm bringt.

Der Fünfzylinder-Diesel (W 115)

240 D 3.0

Im Sommer 1974 eröffnet Daimler-Benz mit dem 240 D 3.0 den Reigen der Fünfzylinder-Serientriebwerke in Reihenanordnung. Bei dieser Bauart beschränkt man sich aus gutem Grund auf einen Dieselmotor, weil man hier artspezifisch knapp unter der als kritisch geltenden Drehzahlgrenze bleibt. Denn oberhalb einer Tourenzahl von 4500/min kommt es – naturbelassen – zu unangenehmen Schwingungen, da die freien Massenmomente der ersten und zweiten Ordnung unausgeglichen bleiben. Erst Audi bekommt dieses Problem durch vibrationsdämpfende Maßnahmen in den Griff und lanciert zwei Jahre später den Typ 100 5E (C2) mit Fünfzylinder-Ottomotor mit Benzineinspritzung.

Warum Daimler-Benz den Top-Diesel, der erst im Oktober 1974 bei den Niederlassungen und Vertragspartnern steht, mit der holprigen Typenbezeichnung 240 D 3.0 benennt und nicht mit der gewohnten, dem Hubraum entsprechenden dreistelligen Bezifferung, scheint nicht ohne weiteres nachvollziehbare Marketinggründe zu haben, zumal dieses Modell in Nordamerika als 300 D verkauft wird. Die Gepflogenheit, bei Erweiterung einer Modellreihe die Typenbezeichnung des Basismodells trotz abweichenden Hubraums weiter zu benützen und das wahre Hubvolumen durch einen nachgestellten Dezimalbruch auszudrücken, ist bereits Mitte 1968 mit dem 300 SEL 6.3 begonnen worden.

Der als OM 617 bezeichnete Fünfzylinder-Dieselmotor wurde durch Abhängen einer weiteren Zylindereinheit aus dem OM 616 des 240 D entwickelt und besitzt dessen Zylinderabmessungen. Mit einem Hubraum von drei Litern gibt der Vorkammer-Diesel 80 PS ab. Auch beim Diesel

Oben: Kurt Syskas 250/8 dient als Zugpferd für sein großes Segelboot, das auf dem zweitgrößten Binnensee Niedersachsens, dem Dümmer-See, kreuzte.
(Foto: Jörg Syska)

erforderte die ungerade Zylinderzahl mit ihrem angestammt kritischen Schwingungsverhalten eine ganze Reihe kompensierender Maßnahmen. So werden Kolben und Pleuel feingewogen und nach minimalen Gewichtstoleranzen ausgewählt. Die Kurbelwelle besitzt an ihrem vorderen Ende einen Drehschwingungsdämpfer. Der komplette Kurbeltrieb wird im fertig montierten Triebwerk gewuchtet. Zwei Teleskop-Stoßdämpfer ergänzen die bereits beim 240 D überarbeitete Motorlagerung.

Das Kühlsystem war sowohl hinsichtlich des Kühlmittelinhalts als auch der Förderleistung der Wasserpumpe an die beträchtlichen Wärmemengen anzupassen, die bei der vergleichsweise hohen möglichen Dauerleistung anfallen. Die gewohnte Drosselklappe im Ansaugtrakt ist beim 3.0 weggefallen, weil der OM 617 eine neue Fünfstempel-Einspritzpumpe mit mechanischer Steuerung an Stelle der bei den Vierzylinder-Dieseln verwendeten pneumatischen Steuerung erhalten hat. Während bei den Vierzylindern die Druckverhältnissen im Saugrohr als Parameter dienen, erfolgt die Regelung der Einspritzmenge jetzt direkt durch das Gaspedal.

Der Startvorgang wurde endlich an die zeitgemäße Praxis angepasst. Die von den Vierzylinder-Dieseltypen gewohnte Betätigung eines gesonderten Vorglühschalters ist vergleichbar durch das Drehen des Zündschlüssels um eine Raste ersetzt worden. Allerdings muss noch immer mit dem gewohnten Leerlaufversteller hantiert werden. Trotzdem nähert sich der Fünfzylinder-Diesel dem Ideal, das die Benzinmodelle vorgeben: Der 240 D 3.0 hängt spontaner am Gas als jemals ein Mercedes-Diesel vor ihm. Einer Höchstgeschwindigkeit von rund 150 km/h steht eine beachtliche Beschleunigung gegenüber: Erstmals bei einem Diesel-Pkw wird der Null-auf-Hundert-Sprint in weniger als 20 Sekunden bewältigt.

Links: Hans Stucker aus dem Kanton Zürich ist 1975 mit seinem 230/8 der ersten Serie und dem Adria-Wohnwagen in Spanien unterwegs. Der Marktanteil von Mercedes-Benz liegt 1971 in der Schweiz bei gerade einmal 1,7 Prozent – vergleichsweise tut sich Volvo aus dem (damaligen) zollbegünstigten EFTA-Land Schweden deutlich leichter und erreicht 4,1 Prozent.
(Foto: Hans Stucker)

Kapitel 8

Stillstand heißt Rückschritt

Modellpflege, Weiterentwicklung und Verbesserungen

Während sich die Weiterentwicklung der Mercedes-Benz-Personenwagen in den Fünfziger- und frühen sechziger Jahren auf vergleichsweise wenige technische Verbesserungen beschränkte und einer konsequenten Modellkonstanz der Vorzug eingeräumt wurde, ist die Strich-Acht-Reihe nun ständiger Verfeinerung und Verbesserung unterworfen. Dazu werden die Fahrzeuge durch mehrere kleinere und eine große Modellpflegemaßnahme aufgewertet. Im Jargon der Mercedes-Benz-Verkaufsorganisation hat sich dafür das drollige, irgendwie sogar urschwäbisch klingende Kürzel „Mopf" eingebürgert.

Trotz wohlgefüllter Auftragsbücher hat man inzwischen gelernt, den Anliegen der Kundschaft ein wohlwollendes Ohr zu widmen. Schon kurz nach Serienanlauf werden im Frühjahr 1968 nach beharrlichem Klagen durch die Klientel die ersten Änderungen an der doch reichlich kargen Innenausstattung vorgenommen. So werden die Armlehnen in den Vordertüren an die menschliche Anatomie angepasst und höher gesetzt,

Mercedes-Benz Strich-Acht

Im September 1973 findet auf der Frankfurter IAA die öffentliche Präsentation der zweiten Strich-Acht-Serie statt. Dahinter ist mit dem 450 SEL ein Angehöriger der erstmals so benannten S-Klasse der Baureihe W 116 zu sehen, und im Hintergrund steht ein weiterer Strich-Achter als Opfer einer der zahlreichen Crash-Versuche.

Stillstand heißt Rückschritt

Als dieser 230.6 im Frühling 1974 zum Fototermin antrat, ist die optionale Scheinwerferreinigungsanlage längst erhältlich: Sie erscheint bereits im Juli 1972 in der Sonderausstattungsliste.

Ein 230.6 aus der zweiten Strich-Acht-Generation vor dem Ferienhaus in Dänemark. Den Zusatz „6" benötigt er zur Unterscheidung vom Vierzylinder-Benziner 230.4 des Jahrgangs 1974.
(Foto: Sara Letzner)

82

auch die Mechanik der Heizungsbetätigung wird bedienungsfreundlicher und leichtgängiger gestaltet. Ab Juli 1968 ersetzen zwei Einzeldüsen die Zentraldüse der Scheibenwaschanlage. Von Jahresbeginn 1969 an zählen dann die anfangs zuzahlungspflichtigen Liegesitzbeschläge zum serienmäßigen Lieferumfang.

Ab August 1969 wird das permanent beanstandete nüchterne Interieur im Rahmen einer „kleinen Modellpflege" stufenweise aufgewertet: Analog zu den inzwischen ausgelieferten Coupés erhalten nun auch die Limousinen – allerdings entsprechend der Modellhierarchie gestaffelt – höherwertig wirkende, stärker strukturierte und attraktiver eingefärbte Kunststoffbezüge am Armaturenbrett, an der Mittelkonsole, an den Fensterschlüsseln, an den Türverkleidungen und an der Rückseite der Vordersitzlehnen. Der 250 hebt sich durch Holzapplikationen am Armaturenbrett und eine teppichverkleidete Mittelkonsole ab. Handschuhfach und Heizungsbetätigung sind nun beleuchtet, und der Klappascher in der Mittelkonsole wurde vergrößert. Rauchen beim Fahren war vor vierzig Jahren noch an der Tagesordnung. Gebrauchtwagen, in denen nicht geraucht wurde, waren eher die Ausnahme, denn sie erhielten in den Kleinanzeigen der Tageszeitungen das Prädikat „Nichtraucherwagen" oder das Kürzel „NR" …

Auch sonst mehr als ein Hauch von Luxus: Die Mittelablage ist mit Teppichstoff ausgelegt, und die Sitzbezüge der Stoffpolster werden mit fülligeren Pfeifen abgesteppt und wirken dadurch nicht nur optisch komfortabler – sie sind es auch. Im Hinblick auf die Bestimmungen der geänderten StVZO sind die Strich-Achter von nun an mit einer Warnblinkanlage ausgestattet.

Im Herbst 1969 erhalten die Sechszylinder längere Antriebsübersetzungen. Mitte 1970 wird die Sonderausstattungsliste erweitert: Alle Modelle können mit Halogen-Leuchteinheiten ausgerüs-

tet werden, die mit H1-Lampen bestückt sind. Im Herbst 1970 wird der manuell zu betätigende Choke der Vergaser im 200 und 220 durch eine Startautomatik mit einer Spiral-Bimetallfeder ersetzt. Ein knappes Jahr später ändert sich bei den Automatik-Versionen die Bezeichnung der Wählhebelpositionen auf der Schaltkulisse: Aus P-R-N-3-2-1 wird in Anpassung an die internationale Gepflogenheit P-R-N-D-S-L. Weniger schön: Im August 1971 verabschiedet man sich vom jahrzehntelang verwendeten, hochwertig wirkenden metallenen Grilleinsatz der Kühlermaske – gestanztes Blech bei den Vierzylindern, Aluminium-Druckguss bei den Sechszylindern. Von nun an besteht das Schutzgitter aus zumindest optisch weniger edlem Kunststoff.

Oben: Der 230.6 hat auch in der zweiten Generation – hier ein Wagen des Jahrgangs 1973 – als Sechszylinder das grobmaschigere Kühlergitter, das einen höheren Luftdurchsatz ermöglichte.

Links: Von August 1972 an werden nach der US-Version auch die für den Inlandmarkt bestimmten 250/8 mit dem unverändert 130 PS leistenden 2,8-Liter-Motor ausgerüstet. Das hier gezeigte Exemplar ist erstmals im Sommer 1973 zugelassen worden.

Stillstand heißt Rückschritt

Im Mai 1972 findet mit der Markteinführung der DOHC-Typen 280 und 280 E die erste größere Modellpflegemaßnahme für die gesamte Typenfamilie W 114/115 statt. Neben der weitgehenden Erneuerung der Lackfarben wird vor allem die Farbgebung der Inneneinrichtung aufgefrischt, wobei man von einem Extrem ins andere fällt. Die schrillen Ausdrucksformen der Hippie-Bewegung der späten sechziger Jahre haben nun auch Sindelfingen erreicht.

Blick in den eindrucksvollen Motorraum des 280 E der zweiten Serie, 1973-1976: Mit dem M 110 entsteht dank der beiden formschön verpackten obenliegenden Nockenwellen nicht nur optisch ein Rasse-Triebwerk à la Alfa Romeo oder Jaguar. Bei 6000/min stehen 185 PS zur Verfügung. Diese Ausbeute resultiert ohne Einbußen an Laufkultur aus einem gehobenen Drehzahlniveau. Dabei legt das Lastenheft offenkundig den Fokus auf höchste Standfestigkeit, denn die Motorenentwickler hätten dem DOHC-Motor deutlich mehr als 200 PS zu entlocken gewusst.

Die Hydraulikteile der unverändert gegen Mehrpreis als Sonderausstattung lieferbaren Servolenkung werden nun von der deutschen Tochter von Vickers Hydraulics bezogen und sind mit der vorherigen Apparatur in keinem Punkt baugleich. Die nach wie vor aufzahlungspflichtigen Halogenscheinwerfer sind nun mit modernen, haltbareren H4-Lampen ausgerüstet. Ein willkommener, da praktischer Gag ist der Tippkontakt des Blinkerhebels, der bei Richtungswechseln wie Überholvorgängen nun auf kurzen Tastendruck reagiert. Die Verbundglas-Windschutzscheibe zählt nun endlich zur Serienausstattung aller Modelle. Die Scheibenwischer-Betätigung wurde durch eine Intervallschaltung mit festem Zeitabstand ergänzt, deren Aktivierung durch eine Schaltwippe auf dem Kombihebel links an der Lenksäule erfolgt. Im Juli 1972 wird die Sonderausstattungsliste um eine Reinigungsanlage für die Hauptscheinwerfer erweitert.

Ab Oktober 1972 entfällt bei den entsprechenden Fahrzeugen der „Automatic"-Schriftzug rechts auf dem Kofferraumdeckel. Den Erfordernissen der passiven Sicherheit steht man zwar aufgeschlossener denn je gegenüber – ein ganz normales Sicherheitsbewusstsein führt indessen häufig zu Aufpreisen im Kaufvertrag. So müssen die Automatikgurte, die die Dreipunkt-Statikgurte ersetzen, noch ein halbes Jahr lang aus der Sonderausstattungsliste bestellt werden. Die ebenfalls aufzahlungspflichtigen Kopfstützen sind nur noch paarweise erhältlich – nicht mehr einzeln wie bei ihrer einstigen Bestimmung als Nacken- oder gar Schlummerrolle, als sie mehr Komfort- als Sicherheitsfunktion besaßen. Im Herbst 1972 wird die halbmechanische Uhr mit ihrem anfälligen elektrischen Aufzug durch eine Quarzuhr mit elektronischem Taktgeber ersetzt.

Bei der Präsentation der Stuttgarter Marke auf dem Genfer Autosalon im März 1973 wird die

Sicherheitskomponente mit Nachdruck betont und kundenfreundlicher gestaltet. Die Serienausstattung umfasst nun Automatik-Sicherheitsgurte und Kopfstützen an den Vordersitzen. Damit ist Mercedes-Benz der erste deutsche Autobauer und einer der wenigen weltweit, die die Aufrollautomatik bereits in der Grundausrüstung bieten. Ein dick umschäumtes, zwar etwas klobiges, aber haptisch ansprechendes Vierspeichen-Sicherheitslenkrad mit breiter Prallplatte und integrierten Signaltasten ersetzt das klassische Lenkrad mit zwei Speichen, dünnem Kranz und abgeflachtem, verchromtem Signalring.

Und dann kommt der 6. August 1973 – der Tag, an dem der Fachpresse die zweite Auflage der Strich-Achter vorgestellt wird. Der Baureihe W 114/115 wird die große, umfassendste Modellpflege-Maßnahme zuteil. Das Verkaufspersonal spricht von der „Mopf zwei". Das Facelifting geht mit einer technischen Aktualisierungskampagne einher. In der Rückschau spricht man heute mit Recht von der „Serie 2" des Stricht-Acht, allerdings wird diese Bezeichnung vom Hersteller nie verwendet. Die Überarbeitung erfolgte entsprechend zu den ab Februar 1971 bei der SL- und SLC-Reihe (Roadster R 107, später Coupé C 107) und ab August 1973 bei der ersten S-Klasse dieser Benennung (W 116) verwendeten Stilelementen. Da sich über Geschmack letztlich doch trefflich streiten lässt, kommt prompt Kritik auf, da ein ursprünglich strenges und klares Design vermeintlich verwässert wurde.

Die Typenpalette wurde um einen Typ – den 240 D – ergänzt, gleichzeitig löst der 230.4 den 220 ab. Trotz vertrauter Umrisse heben sich die Autos der Zweitauflage von der ersten Serie ab. Das veränderte Kühlergesicht fällt sofort ins Auge.

Die zweite Strich-Acht-Generation ist auf den ersten Blick an den schmutzabweisend gerippten Heckleuchten, am breiteren Heckdeckelgriff, am Wegfall der Drehfenster in den Vordertüren, an den großen Seitenspiegeln und am Wasserleitsystem über den Scheiben zu identifizieren.

Ab August 1973 halten schmutzabweisende Regenprofile an den Windschutzsäulen die Seitenscheiben sauber.

Stillstand heißt Rückschritt

Der 230.4 bekommt als einziger Strich-Acht-Benziner der zweiten Generation ein neues Triebwerk spendiert, das durch Erweitern der Zylinderbohrung aus dem Zweiliter-Motor des 200/8 entwickelt wurde. Diese Version ist der Nachfolger des 220/8, dessen Motor mit seiner rauen Laufkultur stets Anlass zur Kritik gab.

Unten: Der 240 D kommt im August 1973 neu auf den Markt und wird schnell zum Erfolgsmodell. Der 65 PS starke 2,4-Liter-Diesel des Baumusters OM 616 entsteht durch Erweitern der Zylinderbohrung aus dem Triebwerk des 220 D.

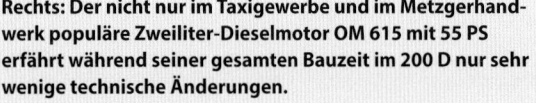

Rechts: Der nicht nur im Taxigewerbe und im Metzgerhandwerk populäre Zweiliter-Dieselmotor OM 615 mit 55 PS erfährt während seiner gesamten Bauzeit im 200 D nur sehr wenige technische Änderungen.

Mercedes-Benz Strich-Acht

So elegant kann ein 200 D daherkommen – wobei die zweite Auflage noch mehr Metallglanz bietet.

Zeitgeschichte 1972-1973

1972
- 1 Liter Normalbenzin kostet durchschnittlich 0,59 DM.
- Richard Nixon bestätigt, dass geheime Friedensverhandlungen mit Nordvietnam laufen.
- Sandro Munari gewinnt mit Beifahrer Mario Manucci die 41. Rallye Monte Carlo mit einem Lancia Fulvia 1.6 HF.
- Die Nordvietnamesischen Streitkräfte beginnen eine Großoffensive. Die USA brechen daraufhin die Friedensgespräche ab.
- Richard Nixon besucht als erster US-Präsident die UdSSR.
- Nach einer Schießerei nimmt die Polizei in Frankfurt die Terroristen Andreas Baader, Holger Meins und Jan-Carl Raspe fest.
- Der Watergate-Skandal nimmt im gleichnamigen Hotel seinen Lauf und führt zum Sturz von Richard Nixon.
- Bei Volvo wird das Fließband in der Automobilproduktion durch Gruppenarbeit ersetzt.
- In München beginnen die XX. Olympischen Sommerspiele, in deren Verlauf arabische Terroristen ein Attentat auf die israelische Mannschaft verüben.
- Emerson Fittipaldi gewinnt den Großen Preis von Italien und sichert sich damit den WM-Titel in der Formel 1.

1973
- 1 Liter Normalbenzin kostet durchschnittlich 0,69 DM.
- Die USA, Nordvietnam und Südvietnam unterzeichnen einen Waffenstillstand.
- Vertreter der USA und Nordvietnams einigen sich auf ein Abkommen zur Beendigung des Vietnamkrieges.
- Wegen der Watergate-Affäre treten weitere Berater von Präsident Richard Nixon zurück.
- In Istanbul wird die Bosporusbrücke eingeweiht und verbindet fortan Europa mit Asien.
- Jackie Stewart wird neuer Formel-1-Weltmeister.
- Die Erdöl exportierenden arabischen Staaten erhöhen die Ölpreise, um politischen Einfluss auf die pro-israelischen, westlichen Staaten auszuüben. Aufgrund der daraus resultierenden Ölkrise wird von Bundeswirtschaftsminister Hans Friderichs ein auf vier Wochen befristetes Sonntags-Fahrverbot verfügt.
- England und Frankreich besiegeln ein Abkommen zum Bau eines 54 Kilometer langen Tunnels unter dem Ärmelkanal.

Stillstand heißt Rückschritt

Durch Anhängen einer weiteren Zylindereinheit entstand aus dem OM 616 des 240 D der Fünfzylinder-Dieseltyp 240 D 3.0, der im Juli 1974 vorgestellt wird, aber erst im Oktober bei den Händlern steht. 80 PS ermöglichen eine Höchstgeschwindigkeit von 150 km/h.

„Schnell. Elastisch. Spurtstark. Und doch: So wirtschaftlich, wie nur ein Diesel sein kann.", lautet der Werbetext in der Anzeige zur Neuvorstellung. Auch die Spurtstärke wurde betont, denn in weniger als 20 Sekunden beschleunige der „Welt erster und einziger Pkw mit 5-Zylinder-Motor" von Null auf 100 km/h.

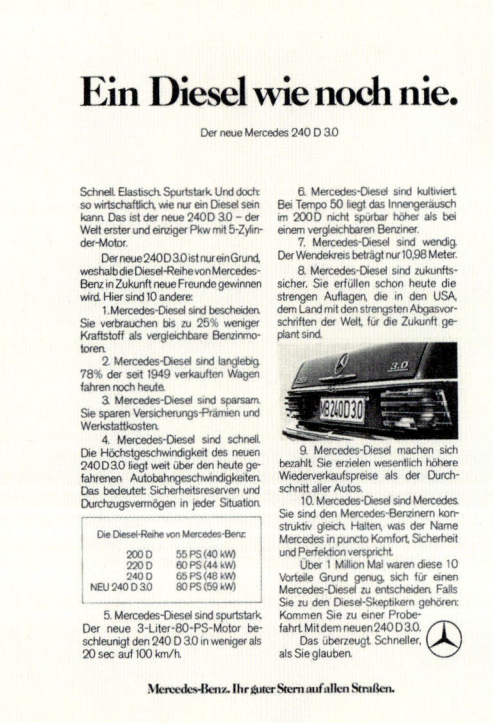

Die Kühlermaske ist um zehn Zentimeter breiter und niedriger geworden, die Motorhaube verläuft daher flacher. Der rosettenartige Sockel des Dreizacksterns ist zierlicher geworden. Die Stoßstange ist nun bei allen Typen – auch beim 250, 280 und 280 E – einheitlich einteilig ausgeführt. Wie bei der S-Klasse der Baureihe W 116 ist unter der Stoßstange im neu geformten Windleitblech eine breite Kühlluftöffnung angeordnet, deren horizontale Kunststofflamellen mattschwarz ausgebildet sind. Der bisher unter der Stoßstange hängend angebrachte Nummernschildträger ist nach oben an die Stoßstangenmitte gewandert. Durch die Betonung der Horizontalen wirken die Autos nun breiter und stämmiger.

Die neuen Außenspiegel – rechts ist er nur als Sonderausstattung erhältlich – sind viel größer und wuchtiger geworden, nun beweglich gelagert und auch bei geschlossenen Seitenscheiben von innen einstellbar. Die Sicht bei schlechter Witterung wurde durch nach aerodynamischen Gesichtspunkten konzipierten Schmutzabweisern außerordentlich verbessert. Durch Leichtmetallprofile an den A-Säulen wird das Wasser zur Windschutzscheibe geleitet, wo es von den Scheibenwischern beseitigt wird. Die Seitenscheiben bleiben so weitgehend schmutzfrei. Auch der Edelstahlrahmen der Heckscheibe erhielt eine Art Regenrinne, die das Schmutzwasser zur Seite leitet. Die dreieckigen Schwenkfenster an den Vordertüren sind weggefallen, in erster Linie wegen der zunehmenden Fahrzeugaufbrüche. Sie ließen sich zu einfach aufstemmen.

Die Änderungen im Heckbereich sind weniger auffällig. Die Kunststoffteile der hinteren Leuchteinheiten haben analog zur S-Klasse W 116 ein geripptes Profil erhalten, das ein Verschmutzen durch die Luftwirbel am Heck reduziert. Ein breiterer Heckdeckelgriff unterstreicht wiederum die Horizontale, und die Schriftzeichen des Typenkennzeichens links am Kofferraumdeckel sind größer und kantiger geworden.

Unter dem Blech ist dagegen (fast) alles beim Alten geblieben: Die technischen Modifikationen der „Serie 2" sind weniger zahlreich. Wichtigste Neuerung ist der Ersatz des bisher eingebauten, als Sonderausstattung lieferbaren Automatikgetriebes. Die mit einer hydraulischen Kupplung kombinierte Vierstufen-Automatik galt zwar als robust und langlebig, aber eben auch nur als eingeschränkt komfortabel. Beim Beschleunigen waren die Gangwechsel zuweilen von heftigen Schaltrucken begleitet. Daher wird die Flüssigkeitskupplung im August 1973 durch einen im Mutterland der „automatic transmissions", in den USA, längst üblichen Drehmomentwandler ersetzt. Das Wechseln der Schaltstufen vollzieht sich nun weicher und weitgehend frei von Stößen. Ein kleiner Wermutstropfen ist dabei allerdings der gegenüber der abgelösten Automatik etwas erhöhte Kraftstoffverbrauch.

Nachdem inzwischen ein hoher technischer Reifegrad erreicht ist, halten sich die Serienänderungen für die letzten drei Baujahre in Grenzen. Sie beschränken sich auf Updates, die zur Folgegeneration W 123 überleiten, deren Prototypen seit Herbst 1973 im Fahrversuch laufen. Ab Frühjahr 1974 muss die Motorhaube der Strich-Achter zweihändig geöffnet werden, da jetzt zwei Sicherungshaken auf beiden Seiten der Kühlerverkleidung zu betätigen sind. Radialreifen zählen nun ebenso wie ein abschließbarer Tankverschluss für alle Modelle zur Grundausrüstung. Ab Januar 1975 werden die großen Sechszylinder 280 bzw. 280 C und 280 E bzw. 280 CE serienmäßig mit der Servolenkung ausgerüstet. Die Sonderausstattungsliste wird durch beheizbare Vordersitze, Velourspolsterung und ein Kassettenradio des Typs Becker Monza erweitert. Im Gegenzug wird das seit März 1969 für alle Sechszylinder als Option lieferbare Fünfganggetriebe nach sieben Jahren wieder gestrichen. Diese Aktion löst kein Wehklagen aus, da das Fünfgang-Schaltwerk nicht gerade für Langlebigkeit bekannt ist.

Kapitel 9

Von bieder bis grell, von vornehm bis kitschig

Innenausstattung und Lackfarben

Automobile sind von jeher der Mode unterworfen, wobei die Farben eine herausragende Rolle spielen. So spiegelt die Farbgebung der Strich-Achter – wie sollte es auch anders sein – den sich im Laufe der neunjährigen Verkaufsperiode wandelnden Zeitgeschmack wider. Die Laufbahn der Strich-Achter wird von 17 Innenausstattungsfarben und 64 Lackierungen in drei Preisstufen begleitet. Zunächst scheinen die Wagen und ihre nicht sonderlich freundlich gestaltete Inneneinrichtung allen Moden zu trotzen. Bis zum Frühjahr 1972 kann zwischen sieben Serienfarbtönen und 12 mehrpreispflichtigen Sonderlackierungen gewählt werden. Metalliclackierungen stehen bis Anfang 1974 ausschließlich für die Coupés zur Auswahl. In den ersten vier Jahren bietet die Ausstattungsliste fünf Serienpolsterungen und jeweils neun als Extras geführte Leder- und Kunstlederbezüge, wobei letztere – wiederum eigentümlich und markenspezifisch – als „MB Tex" bezeichnet werden. Die cognacfarbene Serienausstattung wird häufig bestellt und wirkt apart, Bei den Farben der Mehrpreispolsterung könnte man das Rot als ziemlich pfiffig und das Hellgrau als dezent bezeichnen.

Das Basisangebot an Karosserielacken wartet durchwegs – vielleicht mit der Ausnahme des sehr beliebten Mittelblau – mit wenig freundlichen Tönen auf. Selbst Dunkelrot und Horizontblau scheinen von einem leichten Grauschleier überzogen. Schwarz und Anthrazit wirken auf distanzierende Weise nobel. Das eher neutrale und in jenen Jahren ausgesprochen populäre Weiß ist nur als Sonderfarbton bestellbar. Auch in dieser Mehrpreis-Kategorie herrscht viel Düsternis: Arabergrau, Dunkeloliv und Beigegrau erscheinen alles andere als verführerisch, Hellbeige und Papyrusweiß wirken angeschmutzt. Das ungeliebte Dunkelrotbraun wird nach eineinhalb Jahren wieder von der Farbkarte entfernt. Im Mai 1972 dringen Sonnenstrahlen durch: Ein beträchtlicher Teil der Farbpalette wird gestrichen, neue Nuancen werden eingeführt. Dazu wurden die Dessins der Polsterbezüge komplett neu gestaltet und die Kunststoffflächen im Innenraum durch eine feinere Narbung strukturiert. Die farbenfrohen, von Gelb und Orange geprägten siebziger Jahre

Mercedes-Benz Strich-Acht

Dieser vor 1994 in Arezzo zugelassene Strich-Achter der zweiten Generation ist im Sonderfarbton Blau 903 lackiert und weist die in Italien vorgeschriebenen seitlichen Blinkleuchten auf, während die Nebellampen Aftermarket-Zubehör sind.

Der Metalliclack Byzanzgold mit dem Farbencode 422 kann – wie bei diesem 240D 3.0 – generationenübergreifend von 1972 bis 1975 geordert werden.

Von bieder bis grell, von vornehm bis kitschig

Den Serienfarbton Coloradobeige mit dem Code 470 gibt es erst am Ende der Strich-Acht-Ära ab Juli 1975.

haben längst begonnen, und dahingehend wurde nun die Farbauswahl der Strich-Acht-Modelle ausgerichtet.

Die Einführung der Sonderfarbtöne Gelb (Code 624) – das harmlos-vertraut klingt, aber doch ziemlich kühn ist – und selbst des gemäßigteren Ahorngelb erscheint der konservativen Mercedes-Klientel anfänglich allzu gewagt. Aber so etwas ist schließlich eine Sache der Gewöhnung und die tritt, visuell unterstützt durch die permanent präsente poppige Textilmode, recht schnell ein. Fünf Serienlacke werden 1972 neu in die Farbenkartei aufgenommen, darunter das kurzlebige Grün 860, das das Flair eines Dienstwagens des Landwirtschaftsamtes vermittelt, und das nette Aquablau. Weniger freundliche, in Richtung Bleifarben gehende Töne wie Anthrazitgrau (die Nicht-Metallic-Variante 173) und Araber- oder Weißgrau sind nun passé. Der bisherige Serienton Dunkelrot wird – da zu selten geordert – zum Sonderlack. In dieser Kategorie findet sich auch das sehr sportive Signalrot, das man fast als Ferrarirot bezeichnen könnte. Dagegen überleben Herbstbeige und Karneolrot die nächste große Modellpflege nicht.

Diese findet im August 1973 statt – und es ist im Farbenangebot nicht mehr viel, wie es war. Gerade einmal sieben Töne bleiben im Lieferpro-

Mercedes-Benz Strich-Acht

Farbenspiele: Der 240 D im Vordergrund ist in dem im Mai 1972 eingeführten Sonderfarbton Englischrot (Code 504) lackiert, der hintere Strich-Achter mit dem Metalliclack Piniengrün (Code 862).

Von bieder bis grell, von vornehm bis kitschig

Familie Tyralla kommt im Raum Darmstadt vom Besuch der Großeltern zurück: Der hier gezeigte 200/8 der zweiten Generation wird im ersten Halbjahr 1975 gebaut und zeigt die als Karneolrot bezeichnete Sonderlackierung 414.
(Foto: Thorsten Tyralla)

gramm. Ahorngelb und Blau 903 sind Publikumslieblinge und werden von Sonder- zu Serienfarben. Und sonst? Kaledoniengrün ist ein weiterer Agrar-Farbton, Pastellblau ist eine Art Babyblau, Englischrot ist sportiv und elegant. Die Farbgebung der Strich-Achter ist nun beinahe ins andere Extrem geglitten. Bei Cayenneorange, Mimosengelb und Nickelgrün könnte man fast an der Geschmackssicherheit der Farbdesigner zweifeln – wenn die anderen (Audi und Opel, in geringerem Maße auch BMW und Ford) in den Siebzigern nicht ebenso grell aufgetreten wären.

Das Angebot an Metalliclackierungen wurde bereits im Mai 1972 durch auffällig viele Grüntöne erweitert – zunächst aber nur für die Coupés. Auch hier ist in einigen krassen Fällen von Geschmackssicherheit wenig zu spüren: Brillantrot erinnert an Halbwelt, Piniengrün ist ein feiner Agrarton, Silbergrün, Zypressengrün und Citrusgrün erscheinen den Launen der Natur in einer grell wuchernden Flora zu entstammen und über die Gediegenheit von Ikonengold und dem bereits im Herbst 1975 wieder abgesetzten Byzanzgold ließe sich trefflich streiten. Ab Ende 1974 können die Strich-Achter als vierte Ausstattungsvariante gegen deftigen Aufpreis mit der optionalen Velours-Polsterung bestellt werden, die bislang schon für die beiden 280er erhältlich war.

Mercedes-Benz Strich-Acht

Ab 1972 verloren ins Weiß oder Weißgrau gehende Farbtöne deutlich an Anklang bei der Kundschaft. Die heute gegenüber den Fuchs-Leichtmetallrädern wieder beliebter werdenden Radkappen wurden stets in der jeweiligen Wagenfarbe lackiert. Für den hier gezeigten 230/8 der ersten Serie – lackiert im Sonderfarbton 050 mit der schlichten Benennung „Weiß" – bietet die 300 Jahre alte Wallfahrtskirche zur Heiligen Dreifaltigkeit im Oberpfälzer Wald, unweit der Grenze zur Tschechischen Republik bei Waldsassen gelegen und im Volksmund „Kappel" genannt, dem Fotomodell eine stimmungsvolle vorösterliche Kulisse.
(Foto: Werner Tröger)

Von bieder bis grell, von vornehm bis kitschig

Mercedes-Benz Strich-Acht

Ist er nicht schön? Und dabei trägt die bis April 1972 erhältliche aufpreispflichtige Sonderlackierung dieses 200/8 der ersten Serie die lapidare Bezeichnung „Rot 576".

Kapitel 10

Zwei Türen, viel Chic und weniger Platz für mehr Geld

Die Coupés 250 C bis 280 CE
Der Begriff Coupé hat im Laufe der Jahre eine Bedeutungserweiterung bis hin zur im Grunde herkömmlichen zweitürigen Limousine (z. B. BMW Dreier) oder gar zum viertürigen Coupé (z. B. Mercedes CLS) erfahren. Im althergebrachten Sinn ist darunter aber ein zweitüriger Pkw mit sportlichem Erscheinungsbild zu verstehen, der gegenüber der zugrunde liegenden Limousine ein verkürztes, meist niedrigeres Dach besitzt, das in der Regel bei entfallener Mittelsäule nur von A- und C-Säule getragen wird. Im Unterschied zu einem GT (Gran Turismo) sind die meisten Coupés von einer Limousine abgeleitet. Die Karosseriebezeichnung tauchte erstmals im Frankreich des 19. Jahrhunderts auf und bezog sich auf eine vierrädrige Kutsche mit nur zwei Sitzplätzen in einem geschlossenen Fahrgastraum, wobei der Kutscher vorne im Freien saß. Der auf zwei Sitze verkürzte Aufbau war im Vergleich zum herkömmlichen Gefährt quasi „abgeschnitten" worden – und das Partizip Perfekt des französischen Verbs abschneiden (couper) lautet eben coupé.

In den fünfziger Jahren hatten Coupés meist nur zwei Sitzplätze. Später erfolgte in vielen Fällen eine Erweiterung zur 2+2-Konfiguration (z. B. Ford Mustang Fastback) mit einer relativ schmalen, weniger komfortabel ausgebildeten Rücksitzbank für die Mitnahme von Kindern oder für gelegentliches Reisen zu Viert oder zuweilen sogar zum vollwertigen Viersitzer (z. B. Renault Avantime). Zu diesem Genre zählen auch die auf der Plattform der Oberklasse-Limousine aufbauenden großen und teuren Mercedes-Coupés der Baureihen W 180/128 und W 111/112 aus den fünfziger und sechziger Jahren. Mit eigenständigen Karosserien und einem steilen Preisniveau, das zu überschaubaren Stückzahlen führt, gelten sie als exklusive Sondermodelle und bereits „zu Lebzeiten" als Liebhaberstücke.

Dass sich ein kompakteres Coupé auf dem Mittelklasse-Markt erfolgreich verkaufen lässt, haben zwei deutsche Volumen-Hersteller schon in der ersten Hälfte der sechziger Jahre unter Beweis gestellt: Opel ab August 1961 mit dem Rekord P II Coupé und Ford ab Mai 1965 mit dem 20 M P5 Hardtop. Beide folgten damit den Full-Size-Vorbildern ihrer amerikanischen Mutterkonzerne. Die Untertürkheimer Marketing-Abteilung beobachtete diese Entwicklung mit großem Interesse –

Mercedes-Benz Strich-Acht

Dieses bildschöne Strich-Acht-Coupé des Typs 250 C Automatic nahm im September 2010 am Herbsttreffen der Mercedes-Benz Interessengemeinschaft in Heiligenstadt in der Fränkischen Schweiz teil.
(Foto: Heribert Hofner)

und mit dem Ergebnis, dass für die in Entwicklung befindliche Mittelklasse-Generation W 114/115 eine Coupé-Version vorgesehen wurde. Im Januar 1965 erging dafür mit einem unverhohlenen Seitenblick nach Rüsselsheim und Köln-Niehl der Entwicklungsauftrag. Nach einer Vielzahl von Studien für den Dachaufbau erfolgte Ende 1966 die Formfestlegung.

Im Spätherbst 1967 nehmen die in der deutschsprachigen Fachpresse kolportierten Meldungen Gestalt an, als die ersten Prototypen eines Coupés auf Basis der Reihe W 114 im Fahrversuch beobachtet werden. Im Oktober 1968 wird eine kleine Vorserie von sechs Wagen aufgelegt, die Pressevorstellung des Zweitürers erfolgt im November 1968. Das offizielle Debüt für Jedermann findet erst beim Genfer Salon im März 1969 statt. Zu dieser Zeit ist auch die Fertigung der C- bzw. CE-Coupés angelaufen, wenn auch zunächst noch in begrenzter Stückzahl.

Die Linienführung der Strich-Acht-Coupés ist konzeptbedingt eng am Design der Limousinen orientiert. Die zweitürigen Ableger sollen zwar Persönlichkeit vermitteln und sich gegen den Einheitsbrei der Großserie abgrenzen, aber der Charakter der abgehobenen Exklusivmodelle

Zwei Türen, viel Chic und weniger Platz für mehr Geld

Oben: Da zeigt man, was man hat – und was man kann: flott bewegtes frühes Strich-Acht-Coupé mit hochkonzentrierter Besatzung …

Der Dachaufsatz der W 114-Coupés ist nicht nur niedriger, sondern auch kürzer als bei den Limousinen. Die beiden verchromten Zierstäbe längs des Dachs enthalten die Aufnahmepunkte für ein Dachträgersystem. Dieser 280 CE repräsentiert das Spitzenmodell der Strich-Acht-Palette.

Mercedes-Benz Strich-Acht

Neu bei Mercedes-Benz: Der Motor M 114 E 25 des 250 CE ist mit der elektronisch gesteuerten Bosch D-Jetronic ausgerüstet – einer modernen Saugrohreinspritzung mit Kaltstart- und Warmlaufautomatik.

Der Blick auf das Kommandopult eines Vorserien-250 C vom Herbst 1968 mit Schaltgetriebe zeigt bei voll versenkten Seitenscheiben noch das für die erste Generation typische alte Lenkrad mit dünnem Kranz, Signalring und Pralltopf.

Zwei Türen, viel Chic und weniger Platz für mehr Geld

Bei diesem im zeitigen Frühjahr 1969 auf Bergtour geschickten 250 CE handelt es sich wohl um ein Vorserien-Exemplar zur Straßenerprobung der D-Jetronic.

Bis Februar 1974 blieben die Metallic-Lackierungen den Coupés vorbehalten. Dieser frühe 250 CE brilliert im Farbton Rot 571.

Rechte Seite: Der Testwagen S - K 8098 hat die alpine Region verlassen und das Ostufer des Gardasees erreicht.

Zwei Türen, viel Chic und weniger Platz für mehr Geld

In der Seitenansicht dieses 280 CE des Jahrgangs 1971 ist das um 45 Millimeter abgesenkte Dach zu erkennen, wobei dieser Eindruck durch die hochalpine Kulisse noch verstärkt wird.

Unten: Dieser 250 CE, Erstzulassung Juli 1969, befindet sich seit 1982 im Besitz der Familie Krusius in Solingen. 1985 ging es mit dem schönen Stück an die spanische Costa Brava.
(Foto: Oliver Krusius)

wird ihnen nicht in die Wiege gelegt. Ob die stilistische Nähe zu den Viertürern den Proportionen der Coupés in jeder Hinsicht dienlich ist, wird nicht selten bezweifelt. In der Tat erscheint das lange Heck mit dem voluminösen, 610 Liter fassenden Kofferraum optisch zu stark betont. Dazu trägt der verkürzte Dachaufbau ebenso bei wie die optische Betonung durch die um die Wagenecken gezogene und bis zu den hinteren Radausschnitten reichende Heckstoßstange. In der Frontansicht haben die Coupés mit der Doppelstoßstange das Kühlergesicht des 250 übernommen.

Oberhalb der Hüfte zeigen die Mittelklasse-Coupés ein eigenständiges Design: Der Dachpavillon ist kürzer und um 45 Millimeter niedriger als bei den Limousinen. Das Dach ist hier etwas kantiger, Windschutz- und Heckscheibe sind stärker geneigt. Die beiden verchromten Zierstäbe, die der Länge nach über das Dach laufen, erinnern an das Hardtop des Pagoden-SL (W 113). An speziellen Aufnahmepunkten kann ein Dachträgersystem befestigt werden.

Die ohne Mittelpfosten konzipierte seitliche Fensterfront ist bis auf die Dreiecksfenster voll versenkbar. Diese bleiben den Coupés im Gegensatz zu den Limousinen während der gesamten Bauzeit erhalten – zunächst als Schwenkfenster, nach der großen Modellpflege dann aber starr ausgebildet. Die Kopffreiheit ist durch das tiefer gesetzte Dach selbst bei Einbau eines Stahlschiebedachs nicht über Gebühr eingeschränkt, da die Sitzflächen abgesenkt wurden. Der Zustieg – selbst zum Fond – vollzieht sich wegen der breiten Türen ohne größere Verrenkungen. Der Durchstieg nach hinten wird durch die von den großen 280 SE-Coupés (W 111) übernommene Unterdruck-Arretierung der Vordersitzlehnen erleichtert. Beim Starten des Motors schieben sich kräftige Haken über die Verriegelungszapfen. Die Freigabe erfolgt beim Öffnen der Tür, beim Abstellen des Motors oder vom Fond aus durch Betätigen eines Druckknopfes in

Oben: Nachdem dieses im Metallicton Moosgrün 834 lackierte Coupé 14 Jahre lang eingelagert war, wurde es 2002 vollständig restauriert und im Jahre 2004 wieder in den Verkehr gebracht. *(Foto: Oliver Krusius)*

Unten: Hier präsentiert sich ein trotz Nässe dynamisch bewegtes Vorserienmodell des 280 C oder CE in weißem Sonderlack (Code 050) aus dem Jahre 1971. Die schmalere, höher aufragende Kühlermaske kennzeichnet bei der Frontalansicht die erste Generation.

der Seitenverkleidung.

Natürlich müssen bei einem Coupé hinsichtlich der Platzverhältnisse auf der Rückbank Abstriche gemacht werden – beim Strich-Acht-Coupé halten sie sich jedoch in Grenzen. Das kupierte Dach führt zu einer verkürzten Fahrgastzelle mit etwas eingeschränktem Knieraum im Fond, dazu ist die Sitzfläche der Rücksitzbank ein bisschen schmaler als beim Viertürer. Dennoch ist auch auf längeren

Fahrten im Fond genügend Platz für zwei Mitreisende vorhanden. Auf kürzeren Strecken geht's sogar ganz gut zu dritt, denn die Strich-Acht-Coupés sind als Fünfsitzer zugelassen, und die Sitzbreite hinten reicht mit ein wenig Tuchfühlung auch für drei Personen aus. Dann muss natürlich die breite Mittelarmlehne, die zusammen mit den seitlichen Haltegriffen für Reisekomfort sorgt,

Der Anblick täuscht: Dieser 250 CE, der sich fünf Jahre lang im Besitz des Verfassers befand und als zuverlässiges Langstrecken-Urlaubsauto benutzt wurde, ist Jahrgang 1970 und entstammt somit der ersten Serie. Der Wagen wurde vom Vorbesitzer aufwändig mit der Optik der zweiten Generation „modernisiert". Auch der Metallic-Farbton ist nicht der originale und die Leichtmetallräder sind Imitate: keine geschmiedeten Fuchs, sondern gegossene INTRA. So war's damals – aber das Auto hat überlebt. Das Bild wurde im Mai 1983 im Berner Oberland aufgenommen. *(Foto: Heribert Hofner)*

hochgeklappt werden.

Der im (bisherigen) Limousinen-Topmodell 250 gebotene Ansatz von Luxus erfährt im Coupé eine zurückhaltende Erweiterung: Der gesamte Wagenboden mit dem Einstiegsbereich ist zusammen mit der Hutablage mit Teppichboden ausgelegt. Das Armaturenbrett ziert ein breites, splittersicheres, da auf einen Aluminiumträger aufgeklebtes Edelholzfurnier. Liegesitze mit verchromten Beschlägen zählen bei den Coupés zur Serienausstattung.

250 C und 250 CE

Fahrwerkstechnisch entsprechen die Strich-Acht-Coupés den Viertürern. Auch die Bodengruppe ist die gleiche, damit ist der Radstand – im Gegensatz zu den Nachfolgern der C 123-Reihe – identisch. Die W 114-Coupés gehen mit zwei Varianten an den Verkaufsstart: Der 250 C besitzt das 130 PS starke Vergasertriebwerk M 114 aus der 250-Limousine, das auch hier für den Export nach Nordamerika und dann ab Mai 1972 auch in der Alten Welt durch das gleich starke 2,8-Liter-Triebwerk M 130 ersetzt wird. Der größere Hubraum ist keineswegs ein Anlass, die Typenbezeichnung anzupassen – etwa nach einer bereits unter Beweis gestellten neueren Praxis als „250 C 2.8" oder ganz einfach als 280 C. Doch der kommt später …

Neu ist hingegen die Gemisch-Aufbereitung des ausschließlich im Coupé erhältlichen 2,5-Liter-Einspritzmotors, der die Version 250 CE antreibt und 150 PS abgibt.

Neuartig ist er für die traditionell hochentwickelte Technologie der Daimler-Benz-Benzineinspritzung deshalb, weil er mit der mittlerweile angegrauten, vom Konzept her nicht mehr weiterentwicklungsfähigen mechanischen Einspritzung mit der kostenintensiv zu fertigenden, hochpräzisen Sechsstempelpumpe keine Bauteile und nicht einmal das Funktionsprinzip gemeinsam hat: Es handelt sich dabei um eine elektronisch gesteuerte Saugrohreinspritzung mit Kaltstart- und Warmlaufautomatik der Bosch-Bauart D-Jetronic. Neu ist diese Art der Kraftstoffversorgung zwar für Mercedes-Benz-Produkte, nicht aber in der deutschen Kraftfahrzeugtechnik: Die D-Jetronic wurde um die Mitte der sechziger Jahre gemeinsam vom Volkswagenwerk, das sich an diesem Projekt mit hohen Investitionen beteiligte, und dem schwäbischen Automobilzulieferer Bosch entwickelt. Hintergrund waren die veränderten Emissionsvorschriften auf dem nordamerikanischen Exportmarkt, die vor allem in Kalifornien – wo kompakte europäische Importe sportlichen Zuschnitts besonders geschätzt wurden – in drastisch verschärften Abgasnormen gipfelten. Dem auf dem US-Markt vergleichsweise populären VW 1600 TL (Typ 3) wird so mit der elektronisch gesteuerten Einspritzung eine längere Karriere gesichert.

Auch auf dem Heimatmarkt ist die D-Jetronic im VW Typ 3 ab Herbst 1967 für knapp 600 Mark Aufpreis erhältlich, die Nachfrage hält sich aber hierzulande in deutlichen Grenzen. So bleibt dem 250 CE immerhin die Rolle des weltweit zweiten Serien-Automobils mit elektronisch geregelter Benzineinspritzung. In seiner Heimat wird er zum meistverkauften Strich-Acht-Coupé und führt letztlich auch die Produktionsstatistik der Mittelklasse-Coupés an, obwohl gerade dieses Modell auf dem ertragreichen US-Markt gar nicht erhältlich ist.

Die Funktionsweise der D-Jetronic sei hier kurz erläutert: Sensoren und mechanisch-kalorisch arbeitende Geber ermitteln ständig die Momentanwerte von Motordrehzahl, Drosselklappenstellung, Saugrohrdruck sowie Luft- und Kühlmitteltemperatur, die in einem rechts unter dem

Dieser 250 C gehört mit seinen verrippten Rückleuchten der von September 1973 bis Juni 1976 gebauten zweiten Generation an. Die Typenbezeichnung führt in die Irre, denn der Sechszylinder hat auf dem deutschen Markt seit Mai 1972 einen Hubraum von 2,8 Litern.

Zeitgeschichte 1974-1975

1974
- 1 Liter Normalbenzin kostet durchschnittlich 0,83 DM.
- Die Erdölpreise werden abermals erhöht.
- Drei US-Astronauten beenden nach 84 Tagen im Raumlabor Skylab ihren Aufenthalt im Weltraum und kehren sicher zur Erde zurück.
- Udo Lindenberg geht mit seinem Panik-Orchester auf die erste Deutschlandtournee.
- Die arabischen Staaten heben das Erdölembargo gegen die USA auf.
- In der Bundesrepublik Deutschland wird das Wahlalter von 20 Jahren auf 18 Jahre gesenkt.
- Die schwedische Pop-Gruppe ABBA gewinnt mit ihrem Song „Waterloo" den Grand Prix de la Chanson und startet damit in eine unglaubliche Karriere.
- Aufgrund einer Affäre um den DDR-Spion Günter Guillaume tritt Bundeskanzler Willy Brandt am 6. Mai zurück.
- Walter Scheel wird als Nachfolger von Gustav Heinemann zum Bundespräsidenten gewählt.
- Helmut Schmidt (SPD) wird zum neuen deutschen Bundeskanzler gewählt.
- Emerson Fittipaldi wird neuer Formel-1-Weltmeister.
- Der Kammergerichtspräsident Günter von Drenkmann wird von RAF-Terroristen ermordet.

1975
- 1 Liter Normalbenzin kostet durchschnittlich 0,84 DM.
- In Hamburg wird der neue Elbtunnel für den öffentlichen Verkehr freigegeben.
- Die britische Regierung gibt bekannt, dass der Bau des Tunnels unter dem Ärmelkanal aus Kostengründen bis auf weiteres verschoben werden muss.
- Die deutsche Botschaft in Stockholm wird von Terroristen besetzt.
- In Stammheim wird der Prozess um die RAF-Terroristen der Baader-Meinhof-Bande eröffnet.
- Das Überschall-Flugzeug Concorde befördert erstmals Passagiere mit Überschallgeschwindigkeit von Paris nach Dakar.
- Die amerikanische Apollo 18 und die sowjetische Sojus 19 docken im All aneinander an.
- Niki Lauda kann die Formel-1-Weltmeisterschaft für sich entscheiden.

1976
- 1 Liter Normalbenzin kostet durchschnittlich 0,91 DM.
- Von Paris und London startet die Concorde zukünftig feste Linienflüge.
- Der größte Schaufelradbagger der Welt nimmt in Bergheim seinen Betrieb im Braunkohle-Tagebau auf.
- Die Terroristin Ulrike Meinhof wird in ihrer Zelle in Stuttgart Stammheim tot aufgefunden.
- Niki Lauda verunglückt beim Großen Preis von Deutschland schwer.
- James Hunt wird neuer Formel-1-Weltmeister.
- Erich Honecker, Generalsekretär der SED der DDR, übernimmt auch das Amt des Staatsratsvorsitzenden.
- Jimmy Carter wird der 39. Präsident der Vereinigten Staaten von Amerika.
- Die Deutsche Bundespost stellt die ersten Tastentelefone vor.
- Die Mitglieder der OPEC beschließen erneut eine Erhöhung der Ölpreise.

Zwei Türen, viel Chic und weniger Platz für mehr Geld

1973 entsteht im Werk die Aufnahme dieses 280 CE der zweiten Serie mit der optionalen Scheinwerferreinigungsanlage und den Fuchs-Leichtmetallrädern.

Armaturenbrett untergebrachten Steuergerät verarbeitet werden. Dieser Rechner bestimmt jeweils die Öffnungsdauer der elektromagnetischen Einspritzventile und damit genau die ins Saugrohr injizierte Benzinmenge. Da die D-Jetronic im Gegensatz zur vorher in den SE-Modellen gebräuchlichen mechanischen Einspritzung ohne eigenen Antrieb arbeitet, wird das Kraftstoffsystem von einer rechts hinten im Wagenheck platzierten elektrischen Benzinpumpe unter Druck gesetzt. Da die gleichbleibend geförderte Kraftstoffmenge, um Dampfblasenbildung auszuschließen, stets größer ist als das tatsächlich benötigte Volumen, lässt ein Überstrom-Druckregler den überschüssigen Kraftstoff durch eine Rücklaufleitung zurück in den Tank fließen.

Das CE-Triebwerk baut auf dem 2,5-Liter-Vergasermotor des Typs 250 auf. Die spezifische Leistung von 60,1 PS/l wird 1969 als ausgesprochen sportiver Wert gesehen. Die kleinen Wilden jener Jahre wie der NSU 1000 TT oder der Opel Rallye-Kadett begnügen sich mit einer geringeren Literleistung, allein der BMW 2002 TI zieht in dieser Disziplin gleich. Hinsichtlich des maximalen Drehmoments muss der Einspritzer 900 Touren höher gedreht werden und ist dem zugrunde liegenden Vergasermotor dennoch nur geringfügig überlegen, von der 2,8-Liter-Version wird er sogar geschlagen. Das D-Jetronic-Triebwerk ist für hohe Drehzahlen ausgelegt. Dabei reagiert der elektronische Einspritzer spontan bereits auf geringe Gaspedalbewegungen, wirkt dabei sogar mitunter etwas hektisch. Wohlwollender könnte man diese Nervosität auch als ausgeprägtes Temperament bezeichnen.

Wenn die D-Jetronic gegen Ende der sechziger Jahre auch als großserientauglich gilt – von einer markentypischen Haltbarkeit und Zuverlässigkeit ist man jedoch noch ein gutes Stück entfernt. Es ist nicht von der Hand zu weisen, dass dieses System noch in den Kinderschuhen steckt. Selbst die in Europa bislang noch nicht eindeutig umrissenen Abgasnormen werden nur vorübergehend erfüllt. Als sich die Emissionsvorschriften allmählich konkretisieren, wechselt man in der zweiten Hälfte der 1970er Jahre zur weitaus anpassungsfähigeren und verlässlicheren mechanischen K-Jetronic. Die Strich-Achter sind da allerdings bereits Geschichte …

Auch mit der Wirtschaftlichkeit, die man heute mit einem Einspritztriebwerk verbindet, ist es nicht weit her: Die Verbrauchswerte der rechnergesteuerten Einspritzversion sind enorm. Beim

Derselbe Wagen zeigt in der Heckperspektive die doppelflutige Auspuffanlage. Die Dreiecksfenster in den Türen erscheinen zwar trotz des Generationenwechsels unverändert – sie sind aber bei der Serie zwei nicht mehr schwenkbar, sondern starr ausgeführt.

vollen Ausnützen des Leistungspotenzials – der 250 CE erreicht immerhin die 200-km/h-Marke, gut gehende Exemplare sind sogar ein bisschen schneller und absolvieren den Standard-Sprint in etwas mehr als zehn Sekunden – wird ein Konsum von 20 l/100 km deutlich überschritten. Bei flotter Langstreckenreise, die angesichts der damaligen Verkehrsdichte kein Problem bedeutet, stellt sich das Fassungsvermögen des 65-Liter-Tanks sehr schnell als unzureichend heraus und erfordert häufige Tankstopps.

Grundsätzlich sind alle Coupés einschließlich der 2,8-Liter-DOHC-Modelle mit drei Getriebeversionen lieferbar: Ein mechanisches Vierganggetriebe stellt die Serienausrüstung dar. Als Sonderausstattung ist sowohl das vierstufige Automatikgetriebe – zunächst mit hydraulischer Kupplung, ab August 1973 dann mit Drehmomentwandler – erhältlich als auch ein als anfällig berüchtigtes mechanisches Fünfganggetriebe, dessen direkter Gang der Vierte ist, während der Fünfte als Schnell- oder Schongang fungiert. Wenig sportlich also …

280 C und 280 CE

Aber die Tage des 250 CE sind gezählt. Im Mai 1972 werden die neuen 2,8-Liter-Sechszylinder des Baumusters M 110 mit der Doppelnockenwelle analog zu den Limousinen auch in die Coupés eingebaut. Dadurch entstehen die Modelle 280 C mit 160 PS und 280 CE mit 185 PS. Da nun auch der 250 C mit dem größeren Motor M 130 ausgerüstet wird – mit einfacher obenliegender Nockenwelle, nach wie vor mit 130 PS –, umfasst das Verkaufsprogramm nun drei 2,8-Liter-Versionen mit unterschiedlichem Leistungsniveau. Im Hochsommer 1976 wird die Fertigung der Mittelklasse-Coupés eingestellt, ohne dass ein Nachfolger in Sicht gewesen wäre. Die mindestens ebenso hübschen Coupés auf Basis der Baureihe W 123 werden erst ein knappes Jahr später vorgestellt. Sie unterscheiden sich von den Strich-Acht-Coupés in zwei Bereichen: Die Bodengruppe der Limousine wurde um 85 mm verkürzt, und sie sind auch mit Vierzylinder-Motoren erhältlich.

Insgesamt sind vom W 114-Coupé in kaum 7½ Jahren 67.044 Exemplare entstanden – nicht gerade das Fertigungsergebnis eines exklusiven Nischenmodells. Da kann man schon eher von einem geglückten Erfolgstyp sprechen. Knapp zwei Drittel der Coupé-Produktion werden exportiert.

Kapitel 11

Strich-Acht Spezial

Stretchversionen, Sonderaufbauten und sonstige Raritäten

Der Zweite Weltkrieg bedeutet für das Karosseriegewerbe in Deutschland eine empfindliche Zäsur: Während in den zwanziger und dreißiger Jahren selbst auf Personenwagen-Fahrgestellen der Mittelklasse von Mercedes-Benz repräsentative wie auch sportlich betonte Sonderaufbauten nicht unüblich waren, die nicht selten im eigenen Haus als „Karosserie Sindelfingen" entstanden, reduziert sich die Arbeit der unabhängigen Karossiers nach dem Krieg auf Nützliches. Auf Basis der Mittelklasse gibt es eine Auswahl an Kranken- und Bestattungswagen, an Polizei-Einsatzfahrzeugen, an Lieferwagen und an Kombiwagen, die das Werk erst 1978 mit den T-Modellen der Baureihe S 123 in das eigene Lieferprogramm aufnimmt.

Prinzipiell existiert dabei eine Fülle von Variationsmöglichkeiten. Auch die Strich-Acht-Reihe findet durch solche Versionen jenseits der Großserie manche interessante Erweiterung und Ergänzung.

Eine werksseitige Sonderausführung wird im Dezember 1967 vorgestellt: Wie schon bei den Vorgängern gibt es nun auch bei der Modellfamilie W 114/115 eine gestreckte Langversion, die schließlich im März 1968 in Serie geht. Der Einschub im Mittelteil vergrößert Radstand und Gesamtlänge um merkliche 650 Millimeter. Außer den hier verwendeten 15-Zoll-Felgen mit der üppigeren Bereifung der Dimension 185 HR 15 und der serienmäßigen Niveauregulierung an der Hinterachse sind die verlängerten Strich-Achter technisch mit den Basistypen identisch. Wie bei den Vorgängern sind nur zwei Motorisierungsvarianten vorgesehen: der kleinere Sechszylinder im 230 bzw. 230.6 und der größere Vierzylinder-Diesel im 220 D, wobei Letzterer im August 1973 vom 240 D lang abgelöst wird. Wichtigste Zielgruppe für die 5,33 Meter lange Stretch-Limousine ist das Mietwagengewerbe, das diese Autos als Flughafen-Taxis und Hotel-Limousinen einsetzt. Drei Sitzreihen – die mittlere ist geteilt und kann ganz oder teilweise zusammengeklappt werden – bieten sieben bis acht Personen Platz. Die breite Fondtür bietet auch zur hinteren Bank ungehin-

derten Zustieg. Bei fast drei Vierteln der 9900 bis November 1976 ausgelieferten Lang-Limousinen wird der wirtschaftlicheren Diesel-Motorisierung der Vorzug eingeräumt.

Neben dieser King-Size-Limousine gibt es von der Strich-Acht-Langversion auch ein weitgehend nacktes, vom Bug bis zum Windschutz teilkarossiertes Langchassis mit identischem Radstand. Diese werksseitig als Fahrzeugsätze, in der offiziellen Nomenklatur der Baumusterliste seit dem Übergang auf die selbsttragende Bauweise 1953 nicht mehr ganz korrekt als Fahrgestelle bezeichneten Torsos dienen als Basis für diverse Sonderkarosserien. Sie werden in dieser Form in der Regel zusammen mit weiteren Karosseriebauteilen wie Rohbautüren im Kundenauftrag an externe Aufbauhersteller vor allem zur Komplettierung als Krankenwagen und Bestattungsfahrzeuge geliefert. Bis November 1976 entstehen auf diese Weise weitere 3389 Stück der Langversion, wobei der Dieselanteil hier mit 60 Prozent klar niedriger als bei den Lang-Limousinen liegt, aber deutlich höher als bei der Großserie, wo die Diesel 49 Prozent ausmachen.

Etwa gleich viele halbnackte Fahrzeugsätze werden von der Normalversion mit dem üblichen Radstand von 2740 Millimetern an ausgewählte Karossiers geliefert. Auf dieser Plattform entstehen 2570 Ambulanzen und 903 sonstige Sonderaufbauten – vor allem Bestatter, aber auch nicht wenige Kombis und sogar ein paar Pick-ups. Das Triebwerksangebot ist hier ein wenig umfangreicher und umfasst die Modelle 220 (später 230.4), 230 bzw. 230.6 und 220 D (später 240 D). Nicht uninteressant ist die Tatsache, dass diese Fahrzeugsätze allein an Aufbauhersteller abgegeben werden, die bei Daimler-Benz akkreditiert sind, weil sie der Sicherheitsphilosophie des Konzerns entsprechen und alle Stabilitäts- und Qualitäts-Anforderungen erfüllen. Dazu zählen in Deutschland Christian Miesen in Bonn und Binz & Co. im württembergischen Lorch, die vorrangig Kran-

Die serienmäßigen, im Hause Daimler-Benz gefertigten Langversionen der Baureihe W 114/115 bringen es auf insgesamt 9895 Einheiten, wobei rund drei Viertel der Produktion auf die beiden Dieselmodelle 220 D und 240 D entfallen. Die hier gezeigte Variante als Hoteltaxi stellt einen der Verwendungszwecke dar.

Strich-Acht Spezial

In dieser teilkarossierten Bauform liefert Daimler-Benz die Fahrgestelle an die verschiedenen Aufbauhersteller – hier ein 240 D mit verlängertem Radstand.

Bereits Ende 1968 entsteht bei der Karosseriefabrik Binz im württembergischen Lorch dieses Exportmodell einer Ambulanz auf dem Langchassis des Sechszylinder-Typs 230.

kenwagen herstellen, während Conrad Pollmann in Bremen, Eugen Rappold im rheinischen Wülfrath und Hermann Stolle in Hannover auf Bestattungswagen spezialisiert sind.

Bei den ausländischen Spezialkarossiers sind zwei Spezies zu unterscheiden: Die einen stehen mit Daimler-Benz in direkter Verbindung, genauso interessant und produktiv sind aber die werksseitig nicht unterstützten Autonomen. Zur ersten Gruppe zählt natürlich die hundertprozentige Tochter Mercedes-Benz Argentina S.A., die einen hübschen Pickup auf der Basis des 220 D baut. Zusammenarbeit findet auch mit der Firma IMA N.V. in Malines (flämisch Mechelen) in Belgien statt, die bis 1973 in kleinerer Stückzahl einen ausgesprochen attraktiven Strich-Acht-Kombi fertigt, ehe man sich ausschließlich der Montage des SAAB 99 widmet. Das weniger bekannte portugiesische Unternehmen C. Santos S.A.R.L. in Lissabon baut ebenfalls Kombis für den privaten Gebrauch. Beide besitzen den Segen des Stuttgarter Herstellers, denn sowohl IMA als auch C. Santos sind offizielle Mercedes-Benz-Generalvertreter.

Derartige Fahrzeuge entstehen unter Einbeziehung lokal gefertigter Komponenten auf angelieferten CKD-Fahrzeugsätzen, die wiederum auf dem Krankenwagen-Chassis mit Normal-Radstand basieren. Die Abkürzung CKD, die vom weltweiten alliierten Fahrzeugbau im Zweiten Weltkrieg herrührt, mit dem englischen Begriff „completely knocked down" unterlegt ist und so viel wie „völlig zerlegt" bedeutet, stimmt in diesen Fällen ungeachtet des werksseitigen Gebrauchs dieser Abkürzung nur sehr bedingt.

Im Gegensatz dazu stehen den anderen, die mehr oder weniger der Kontrolle des Mutterhauses entzogen sind, keine CKD-Sätze zu. Diesen Karossiers bleibt nichts anderes übrig, als neue oder gebrauchte Komplettfahrzeuge zu erwerben und diese umzubauen. Diesem Schicksal unterliegt auch der gar nicht so unbedeutende britische Aufbauhersteller Crayford Auto Development Ltd. in Westerham (Kent), der nicht wenige Mercedes-Kombis baut. Kenner der Szene schätzen die Zahl dieser in Südengland gefertigten Strich-Acht-Estates auf Basis der Benzinmodelle 220/8 bis 250/8 auf rund 200. Darunter befindet sich auch die Kleinserie eines Kombis auf Basis des 230/8 lang. Größere und kleinere, in Deutschland weitgehend unbekannte Firmen widmen sich in ganz Europa in ihrem regionalen Umfeld der Fertigung von Bestattungsfahrzeugen. Dazu zählen beispielsweise Jauernig in Wien, die 1913 gegründete Huiskamp Carrosseriefabriek B.V. in Winterswijk in der niederländischen Provinz Gelderland oder die Carrozzeria Pilato in Nervesa della Battaglia in Venetien, bei der manch prächtiger Autofunebre auf der Grundlage eines 250/8 entsteht.

Mercedes-Benz Strich-Acht

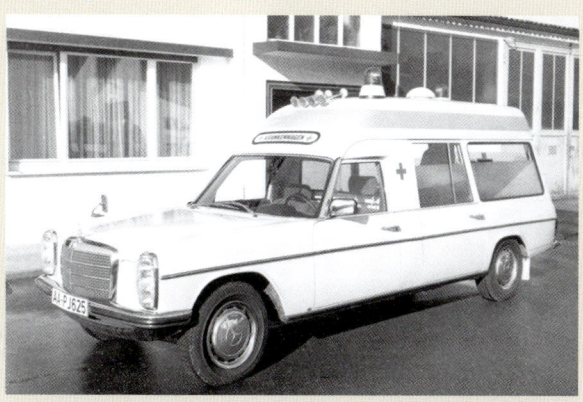

1973 baut Binz diesen Krankenwagen auf dem Fahrgestell des 240 D mit verlängertem Radstand.

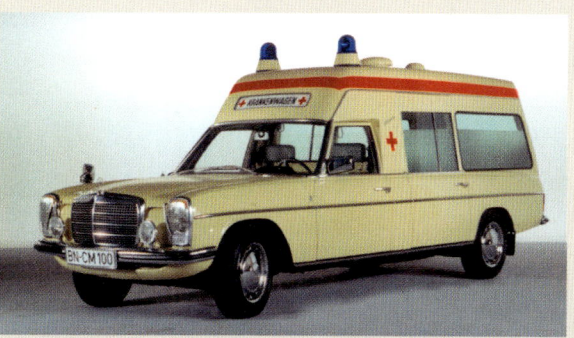

Auch Christian Miesen in Bonn betätigt sich in enger Zusammenarbeit mit der Daimler-Benz A.G. als erfolgreicher Hersteller von Sonderaufbauten. 1973 entstand dieser Krankenwagen auf dem Langchassis des 240 D.

Auch auf dem normalen Radstand basierend wurde ein Fahrgestell für Sonderaufbauten angeboten. 1968 bestellt der Blutspendedienst Baden-Württemberg bei Binz dieses Kühlfahrzeug.

Auf der Basis des normalen Fahrgestells der Baureihe W 114 liefert Binz 1973 diesen für den Export nach Übersee bestimmten, noch nicht beschrifteten Krankenwagen aus.

Dieses einem Lieferwagen ähnelnde Sonderfahrzeug mit langem hinterem Überhang auf dem Chassis des 220/8 wird im Herbst 1968 bei Binz fertiggestellt.

Dieses elegante Bestattungsfahrzeug von eindrucksvoller Länge wird Mitte der siebziger Jahre vom 1875 gegründeten Hannoveraner Bestattungsunternehmen Böhmecke in Auftrag gegeben. Basis ist das Langchassis des 230.6 der zweiten Strich-Acht-Generation.

Rechts: Die Firma Karosserie- und Fahrzeugbau J. Welsch und Sohn, Inh. Kurt Welsch, in Mayen fertigt 1973 dieses Bestattungsfahrzeug auf dem Strich-Acht-Normalchassis. Interessant ist die zur Serviceklappe umfunktionierte Fondtür.

Strich-Acht Spezial

Ende der sechziger Jahre liefert Pollmann in Bremen diesen eleganten Bestatter auf dem Normalchassis des 230/8 aus.

Das Karosseriewerk Rappold in Wülfrath bei Düsseldorf gestaltet Mitte der 1970er diesen schnörkellosen Bestatter auf dem langen Chassis des 230.6.

Aus der Werkstatt von Binz stammt dieser neu eingekleidete 220 D aus den späten Sechzigern.

Auf der Grundlage des 230/8 mit Normalradstand entsteht bei Binz Ende der sechziger Jahre dieser Kombi für einen Auftraggeber in der Türkei. Die „34" auf dem Kennzeichen deutet auf Istanbul hin.

Die alteingesessene Firma C. Miesen in Bonn ist um 1969 Schöpfer dieses Hochdach-Kombi mit Dachgalerie und der Technik des 220/8.

Ein ähnliches Fahrzeug fertigt Binz nahezu zeitgleich auf Basis des Vierzylinder-Typs 220/8.

Mercedes-Benz Strich-Acht

Dass der 1968 von Binz entwickelte Pick-up auf dem 220 D/8-Fahrgestell als Vorbild für das in Argentinien in kleiner Serie gebaute Fahrzeug des gleichen Namens diente, kann nur vermutet werden.

Auch Wendler in Reutlingen versucht sich Ende der Sechziger an einem Pritschenwagen – hier aber auf dem Chassis des Benzinmodells 220/8 und mit abweichender, aufwändigerer Gestaltung der Fahrerkabine und höherem Heckabschluss.

Eine der vielen Stationen auf dem langen Weg zur unteren Mittelklasse, der schließlich zu den Hundertneunzigern der Baureihe W 201 führte, verkörpert diese skurrile, in den Hauptdimensionen verkürzte Maßstudie auf der Grundlage eines Strich-Achters. Sie diente der Erstellung des Lastenheftes für den „Baby-Benz".

Kapitel 12

Im Reich der Mitte

Die Baureihe W 114/115 im Reigen ihrer Mitbewerber

In ihrer Einbettung in das Umfeld der auf dem deutschen Personenwagenmarkt lieferbaren Konkurrenzmodelle der gehobenen Mittelklasse schlagen sich die Strich-Acht-Modelle wacker und geraten selbst beim Preis-Leistungs-Verhältnis nicht gleich ins Hintertreffen. Das Angebot in der Preisklasse von 9000 bis 12.000 DM ist groß und ausgesprochen reichhaltig. Noch blüht sie, die Arten- sprich Markenvielfalt der Sechziger: Von Biedermännern bis zu Exoten, von Avantgardisten hin zu Familienkutschen, von Sportiven bis zu Grundsoliden ist alles vertreten. Und häufig sind diese Charakterzüge noch glücklich miteinander legiert. Der Käufer ist bereits in den ausgehenden Sechzigern ein kleiner König, allerdings in ganz anderer Hinsicht als heute. Denn beim Listenpreis gibt's angesichts der boomenden Automobilwirtschaft ungeachtet des regen Wettbewerbs keinerlei Gesprächsbereitschaft, keine Diskussionsmöglichkeit. Es ist die Auswahl, die eine eigene Erlebniswelt schafft: Jede Geschmacksrichtung wird bedient, beinahe jedes Auto in dieser Kategorie stellt in irgendeiner Disziplin, in diesem oder jenem Blickwinkel einen Superlativ dar – und wenn es der Radstand oder das Kofferraumvolumen ist.

Das heute permanent zitierte Premiumsegment, von dem allerdings Konsumkritiker sagen, dass dieser Begriff dem Prestigebedürfnis des Käufers entgegen kommen solle oder aber dem Verbraucher eine überlegene Qualität des Erzeugnisses nur deshalb eingeredet werde, um einen höheren Preis zu rechtfertigen, ist gegen Ende der sechziger Jahre dabei, sich zu etablieren. Während sich Mercedes-Benz von jeher des vom Luxussegment und vom hochkarätigen Motorsport herrührenden Rufs der Qualitätsmarke erfreuen kann, holt BMW längst und deutlich erkennbar auf. Der Anfang 1966 erschienene viertürige BMW 2000 (E8) ist das sportlich akzentuierte Gegenstück zur fest etablierten Mercedes-Mittelklasse. Er folgt dabei einer anderen Philosophie, denn er ist in allen Dimensionen zierlicher: Sein Radstand ist um 200 Millimeter kürzer, die Gesamtlänge um 185 Millimeter geringer; dazu ist der Münchner um merkliche 60 Millimeter schmaler. Trotzdem übertrifft er die Strich-Achter mit einem Kofferraumvolumen von 600 Litern, wenn auch nur knapp. Auf einen Sechszylinder muss der BMW-Mittelklassekäufer noch einige Zeit verzichten – der kommt erst 1975 in der Fünfer-Reihe (Typ 528) des Baumusters E 12. Die Linienführung dieser Typenfamilie stammt pikanterweise aus der gleichen Feder wie das Styling der Strich-Acht-Serie von Mercedes-Benz – nämlich vom französischen Stardesigner Paul Bracq.

Auch ohne Sechszylinder ist der BMW dem Mercedes in puncto Fahrleistungen überlegen: Der 2000 erreicht mit 100 PS eine Spitze von 168 km/h. Noch besser kann es der 2000 TI, der auch in einer luxuriöseren Variante 2000 Tilux angeboten wird: Bei diesem Modell werden durch eine Leistungssteigerung auf 120 PS echte 180 km/h möglich. Während diese Top-Version des Zweiliter-BMW im Listenpreis dem gleich starken Mercedes 230/8 entspricht, ist der normale 2000 nach der Devise „weniger Auto fürs Geld" sogar um einen guten Tausender teurer als das Stuttgarter Basismodell 200/8.

Der heutige Dritte im Bunde der Erlesenen – das Fabrikat Audi – spielt 1968 noch eine Klasse tiefer, eigentlich sogar in einer anderen Liga. Eine Positionierung, die sich bald grundlegend ändern wird … Der noch unter Daimler-Benz-Regie aus dem zweitaktenden DKW F 102 entwickelte Audi mit Frontantrieb und Mitteldruckmotor stellt sich in allen Dimensionen wesentlich kompakter dar als die Strich-Achter. Selbst das 1,8-Liter-Spitzenmodell Super 90 mit der von Porsche abgeguckten Typenbezeichnung, bei dem 90 PS immerhin 163 km/h zulassen, ist noch um 2750 DM preiswerter als der preisgünstigste Mercedes.

Erst der 1969 vorgestellte Audi 100 (C1) kommt dem 200/8 in den meisten Belangen nahe, sehr nahe. Obwohl er ein bisschen kompakter ist, übertrifft er den Schwaben etwas in der Größe des Passagierraums, deutlicher aber im Ladevolumen des 650 l großen Kofferraums. Der Audi 100 ist in der 100-PS-Version LS bei 260 kg geringerem Gewicht mit einer Spitze von 170 km/h ein wenig schneller – und er ist vor allem um nahezu 2000 DM preiswerter. Auch der Frontantrieb gilt zunehmend als Verkaufsargument – nicht nur in den Bergen und im Mittelgebirge. Noch fehlt es dem Ingolstädter indessen an Funktionsschliff. „Erspart der Audi den Mercedes?" fragt im Som-

Der 1969 vorgestellte Audi 100 kommt dem 200/8 in vielerlei Hinsicht nahe – oder übertrifft ihn sogar, denn der Ingolstädter ist geräumiger und bietet das größere Ladevolumen. Er kostet rund 2000 DM weniger – aber noch fehlt es an Funktionsschliff – noch …

Der Commodore GS A wirkt in seiner überaus sportlichen Betonung gegenüber dem bürgerlichen und ein wenig behäbigen 230/8 ein wenig aufdringlich, ist aber um beinahe 2000 DM preisgünstiger.

Das brachten nur Amerikaner zustande: Der Ford 20 M P7 ist spürbar länger als die Strich-Achter, bietet aber deutlich weniger Innenraum. Dafür ist er der Kofferraumkönig der Mittelklasse …

mer 1969 provokativ ein kritisch angelegtes deutsches Fachblatt auf der Titelseite und kommt zu dem Schluss, dass die überlegene Solidität des Mercedes so überragend auch nicht sei, weil sie auch gesondert bezahlt werden muss. In diesem Mehrpreis ist letztlich aber auch der Prestigewert enthalten. Ergo: In der Preis-Leistungs-Relation herrscht Gleichstand. Die Zeichen sind freilich gesetzt, die Weichen in Richtung dauerhafte, fruchtbare Rivalität sind gestellt. Der Unterbau zum Premium-Status heutiger Diktion für die vier Ringe ist gelegt …

Auch die Populären stellen in vielerlei Hinsicht Alternativen dar: Der von vornherein auf Großserie ausgelegte Opel Rekord C 1900 S kann gegenüber dem 200/8 nur beim Preis punkten – der Vorteil zugunsten des 90 PS starken Rüsselsheimers beträgt fast 2000 DM. Obwohl der Opel optisch weitaus schmalspuriger wirkt, de facto aber nur 20 Millimeter schmaler, dafür aber um 135 Millimeter kürzer ist, sind die Innenraummaße mit denen der Strich-Acht-Limousine in etwa vergleichbar. Der lange Fahrgastraum des Opel geht indessen auf Kosten des Gepäckabteils: Mit gerade einmal 347 Litern bildet er in der Mittelklasse das Schlusslicht. Der jahrzehntealte Slogan „Opel – der Zuverlässige" scheint beim C-Rekord nicht mehr glaubwürdig. Denn die Einführung der neuen Motoren mit der nicht ganz nach dem OHC-Prinzip hochliegenden Nockenwelle sorgt bis in unsere Berichtszeit hinein für einigen Verdruss und die Getriebe sind zumindest dem Drehmoment der Sechszylinder nicht gewachsen. Der Leitstern aus Untertürkheim bleibt auch im Kriterium Verlässlichkeit in seiner Spitzenposition unangefochten.

Dem Sechszylinder-Käufer steht alternativ zum 230/8 auf Basis des Rekord C der Opel Commodore A 2500 S mit 115 (ab 1969: 120) PS bei einem Preisvorteil von sage und schreibe 3241 DM zur Auswahl. Wenn die Spitze von 170 (später 175) km/h dann zu niedrig erscheint, ist der Commodore GS 2500 HL mit 130 PS und 185 km/h angesagt – mit sehr sportivem Erscheinungsbild und noch immer einem Minderpreis von fast 2000 DM gegenüber dem viel braveren und behäbigeren 230/8. Klar, es gibt bei den Untertürkheimern auch den gleich starken 250/8 – aber in dieser Relation klettert der Preisunterschied auf fast 3500 DM, und das ist der Gegenwert eines Fiat Cinquecento 500 F …

Im Gegensatz zum Opel ist das Kölner Sechszylinder-Flaggschiff Ford 20 M (P 7) der Baureihe W 114/115 trotz einer um 55 Millimeter größeren Wagenlänge bezüglich der Innenraumgröße deutlich unterlegen. Denn beim rheinischen Straßenkreuzer-Imitat scheint die Priorität des Kofferraums zu gelten: Mit dem gewaltigen Rauminhalt von 718 l markiert der 20 M eine einsame Bestleistung. In den Fahrleistung zieht der 20 M mit seinem 90-PS-V6 mit dem 200/8 gleich, erst der 20 M TS erreicht mit 108 PS dann 170 km/h, bietet gegenüber dem Vierzylinder-Schwaben aber nur einen mageren Preisvorteil von 625 DM. Der im Modelljahr 1970 eingeführte 26 M mit der gleichen Karosserie, aber mit 2,6 Litern Hubraum und 125 PS ist hinsichtlich der gehobenen Ausstattung und der Fahrleistungen eher mit dem 250/8 zu vergleichen, kostet aber 2440 DM weniger, was den Verkauf des teuersten Kölners jedoch keineswegs beflügelt …

Der größte deutsche Automobilhersteller, das Volkswagenwerk, setzt seinen Weg nach oben unbeirrbar fort – vom Auto für Millionen zunächst bis hin zum Aufsteigermodell. Die halbe Strecke zum Gipfel, der 2002 vom Luxusmodell Phaeton verkörpert wird und VW endgültig zum Full-Line-Anbieter macht, ist 1968 fast bewältigt – aber eben nur fast. Während der Typ 3 von 1961 (die Modelle 1500 und 1600, zunächst mit Stufen-, dann mit Fließheck) noch Abwandlungen des Käfer-Konzepts waren, zeigt der Typ 4 alias 411 trotz des luftgekühlten Boxermotors im Heck eine Fülle neuer Ideen: Erstmals gibt es bei VW eine

Oben: Der ab 1969 unter der Ägide von VW/Audi gebaute NSU Ro 80 punktet noch heute mit seinem zeitlosen Styling von Claus Luthe. Die zu Unrecht legendär gewordenen Kinderkrankheiten des Zweischeiben-Kreiskolbenmotors trübten jedoch das Image.

völlig selbsttragende Karosserie, die auch viertürig erhältlich ist, eine Federbein-Vorderachse à la Porsche und eine moderne Hinterradaufhängung mit Schräglenkern und Schraubenfedern. Das Styling ist dagegen mit dem ausladenden Bug, der immerhin einen 400-Liter-Kofferraum bietet, alles andere als eine Glanzleistung. Als 1969 die überarbeitete Version mit der elektronischen Einspritzung der Bauart D-Jetronic erscheint, mit 80 PS und 155 km/h durchaus mitreden kann, ist der VW 411 nahe an die gehobene Mittelklasse herangerückt. Trotz eines auch gegenüber den Konkurrenzmodellen von Opel und Ford relativ günstigen Preises – der ziemlich komplett ausgestattete 411 LE kostet 8700 DM und ist damit um 2900 DM preisgünstiger als ein 200/8 ohne Aufpreis-Extras – bringt der so genannte „Nasenbär" aus Wolfsburg auf dem Automarkt einfach kein Bein auf den Boden und wird zur vorprogrammierten Rarität.

Dann bietet die westdeutsche Automobilindustrie noch zwei weitere Randfiguren, die nicht an jeder Straßenecke zu sehen sind: Der Glas 1700 aus dem 1966 von BMW übernommenen Werk im niederbayerischen Dingolfing liegt in den letzten Zügen: Die Produktion der hübschen viertürigen Limousine mit 85-PS-Motor, deren Listenpreis exakt 1000 DM unter dem Tarif des 200/8 liegt, wird zum Modelljahr 1969 eingestellt, denn die Fabrikanlagen werden zum Werk II der Bayerischen Motorenwerke.

Etwas langlebiger ist der 1967 lancierte und über die im August 1969 unter dem Schirm des Volkswagenwerks vollzogene Fusion der NSU AG mit der Auto Union hinaus bis 1977 gebaute NSU Ro 80. Seine hervorstechenden Merkmale sind der anfangs problematische Zweischeiben-Kreiskolbenmotor – das revolutionäre Wankel-Triebwerk gibt auf unauffällig surrende Weise 115 PS ab – und das progressive Styling von Claus Luthe. Radstand und Gesamtlänge des auch optisch sehr gestreckt wirkenden Wagens sind um 100 Millimeter größer als die entsprechenden Maße der Strich-Achter. Das Ladevolumen des Kofferraums ist mit 580 l identisch. Hinsichtlich der Fahrleistungen und des Listenpreises, aber auch in punkto Ausstattung ist der Ro 80 mit dem 250/8 vergleichbar – beide sind sie schnelle, komfortable Langstreckenautos. Der Preisunterschied beträgt dabei gerade einmal 444 DM zugunsten des Neckarsulmer Avantgardisten.

Apropos Avantgarde: Auch unter den Importen gibt es einen nahezu mystisch Verklärten, einen notorisch Zukunftweisenden: Citroëns berückendes D-Modell, angesichts seiner vielen Varianten

Die avantgardistischen D-Modelle von Citroën waren und sind den Strich-Achtern in vielerlei Qualität überlegen, in erster Linie im Fahrverhalten und Fahrkomfort, besonders aber in ihrer Originalität und Einmaligkeit.

eher unter den Typenbezeichnungen ID (unterlegt mit „Idée") oder DS (alias „Déesse", zu Deutsch Göttin) bekannt. Die hydropneumatisch gefederten französischen Wunderwagen mit Frontantrieb haben paradoxerweise in Deutschland mit den Strich-Achtern eines gemeinsam: Neben einem hohen Nutzwertfaktor spielt sicher bei beiden auch der hohe Prestigewert keine unwesentliche Rolle, denn die Déesse genießt damals wie heute hohes Ansehen. Die wichtigsten Argumente pro DS sind aber der überlegene Fahrkomfort und die legendären Fahreigenschaften, die immerhin zu einem winterlichen Rallye-Monte-Carlo-Sieg führten.

Die D-Modelle vom Pariser Quai de Javel sind deutlich länger und breiter, aber auch höher als die Strich-Acht-Limousinen. Besonders auffällig ist der gegenüber den Stuttgartern um 375 Millimeter längere Radstand. Bemerkenswert ist auch das etwas geringere Gewicht. Das durchaus ansehnliche Kofferraumvolumen von 500 l traut man den D-Modellen angesichts des flach auslaufenden Stummelhecks kaum zu. Im Gegensatz zu den Mercedes-Mittelklässern werden die schwebenden Göttinnen trotz manch weitergehender Projektierung zeitlebens ausschließlich als Vierzylinder angeboten. Auch ein Diesel fehlt ungeachtet entsprechender Versuche im Programm und ist erst beim Nachfolger CX zu finden. In den Fahrleistungen entspricht das 84 PS starke Basismodell ID 19 exakt dem Mercedes 200/8, ist aber um 550 DM teurer. Der DS 21 – zunächst mit 104-PS-Vergasermotor ausrüstet – übertrifft mit 176 km/h knapp die Höchstgeschwindigkeit des um 16 PS stärkeren 230/8 und kostet 250 DM mehr.

Im Herbst 1969 wird im DS 21 i.e. die Leistung durch die elektronisch geregelte Benzineinspritzung Bosch D-Jetronic auf 125 PS angehoben – gut für 187 km/h. Im Listenpreis entspricht der DS 21 i.e. nun eher dem 250/8. 1974 klafft dann aber die Preisschere in anderer Richtung: Spitzenmodell der Citroën-D-Reihe ist nun der DS 23 i.e., der mit aufgebohrtem Triebwerk von nominell 130 PS genau wie die stärkste Strich-Acht-Limousine des Typs 280 E die 200 km/h-Marke erreicht. Der Unterschied liegt im Preis: Die mindestens ebenso komfortable und exquisit ausgestattete Pallas-Version des DS 23 i.e. ist um 2885 DM preisgünstiger als der 280 E, dessen Kauf noch intensiv kalkulierender Zuwendung zur langen Liste der Extras bedarf, bis er vergleichbar gerüstet ist.

Der zweite Franzose im Import-Segment der gehobenen Mittelklasse wurde in Deutschland wegen seiner Verarbeitungsgüte schon als „französischer Mercedes" bezeichnet: Der Peugeot 404 mit seiner Trapezlinie von Pininfarina ist bereits ein Auslaufmodell, liegt im Gros seiner Qualitäten etwa auf dem Niveau des 200/8, schlägt aber in der 74 PS starken 1,6-Liter-Normalversion mit einem Minus von 545 DM zu Buche. Hinsichtlich Abmessungen und Leergewicht deutlich zierlicher, bietet er vier Personen aber vergleichbaren Komfort. Die Einspritzversion leistet 88 PS, ist mit 160 km/h so schnell wie der 200/8, aber einen Hauch teurer. Zum Modelljahr 1969 erscheint in den deutschsprachigen Ländern Westeuropas der Nachfolger, der ebenso beliebte 504. Er ist in allen Belangen gewachsen und hat den gleichen Radstand wie der Mercedes. Das 1,8-Liter-Triebwerk mit dem der 504 zunächst an den Start geht, leistet in der Vergaserversion 83 PS, als Einspritzer 100 PS. Damit ist er schneller als der 200/8, der gleich viel kostet.

Der Importwagen, der nicht nur von Fachleuten am ehesten mit den Strich-Achtern verglichen wird, kommt aus dem Norden: Die 140er-Reihe des schwedischen Herstellers Volvo ist in Finish und Zuverlässigkeit sehr ähnlich. Nur der auffällig kurze Radstand, der der Plattform des Vorgängers 121/122 alias Amazon entstammt und einen riesigen Hecküberhang bedingt, macht keine so günstige Figur. Der viertürige 144 S mit dem 100 PS starken Zweiliter-Triebwerk B 20 entspricht etwa dem 220/8, ist gleich schnell, verfügt über ein um 17 Prozent größeres Fassungsvermögen des Kofferabteils und ist um 300 DM teurer.

Ebenfalls aus dem EFTA-Raum stoßen zwei wahre Exoten in die damalige Europäische Wirtschaftsgemeinschaft (EWG) vor – beide aus dem Vereinigten Königreich: Sowohl der Rover 2000 als auch der Triumph 2000 verströmen typisch britisches Ambiente, ohne angestaubt zu wirken. Der Vierzylinder des Rover bietet erst in der Version TC mit

Der 1960 vorgestellte und bis Herbst 1975 gebaute Peugeot 404 mit seiner von Pininfarina kreierten Trapezlinie ist auch außerhalb Frankreichs ein Verkaufserfolg, spielt aber trotz seiner Solidität eine halbe Liga tiefer als der Strich-Acht.

Der sanftmütige Peugeot 504 wird von jeweils Ende 1969 bis 1981 auf dem deutschen Markt angeboten, kommt dem Mercedes 200/8 recht nahe und erfreut sich nicht nur im Saarland reger Nachfrage.

Im Frühjahr 1969 erscheinen Coupé und Cabriolet auf Basis des Peugeot 504 als künstlerisches Opus von Sergio Pininfarina. Das bis 1983 gebaute Coupé konkurriert ein wenig mit dem Strich-Acht-Coupé, bleibt aber eine exquisite Rarität.

Zweivergaser-Anlage bei 110 PS mit einer Spitze von 175 km/h nennenswertes Temperament. Die Limousine des Sportwagenbauers Triumph dagegen besitzt zwar einen Sechszylinder, ist aber mit 90 PS hoffnungslos underpowered. Der 1969 lancierte Nachfolger 2.5 PI mit 2,5 Litern Hubraum, elektronischer Lucas-Benzineinspritzung und 134 PS zieht dann mit seinem Landsmann in den Fahrleistungen gleich. Vom Preis her sind beide mit rund 13.000 DM für normale Belange kaum konkurrenzfähig, weitaus interessanter dagegen für anglophile Individualisten.

Oben: Unter den Importwagen wird die 140er-Serie von Volvo am häufigsten mit den Strich-Achtern verglichen. Beide Modellreihen sind sich hinsichtlich Verarbeitungsgüte, Haltbarkeit und Zuverlässigkeit bei vergleichbarem Listenpreis sehr ähnlich. Allerdings gelten die Mercedes auch in Schweden als kultivierter …

Rechts: Der eigenwillig gestylte und edel ausgestatte Rover P6 – hier in der leistungsbetonteren Variante 2000 TC – entwickelt erst mit dem 110 PS starken Vierzylinder nennenswertes Temperament. Er ist in Deutschland 1500 DM teurer als der immerhin sechszylindrige Mercedes 230/8 und verharrt deshalb hierzulande im reinen Liebhaberstatus.

Technische Angaben

Datentabelle W 115 Vierzylinder-Benzinmodelle			
Typ	**200/8**	**220/8**	**230.4**
Bauzeit	01/1968 - 12/1976	02/1968 - 08/1973	08/1973 - 12/1976
Stückzahlen (ohne Fahrgestelle für Sonderaufbauten)	288.785	128.398	87.609
Bauart (Viertakt-Otto)	Reihen-4-Zyl. M 115 V 20	Reihen-4-Zyl. M 115 V 22	Reihen-4-Zyl. M 115 V 23
Bohrung x Hub im mm	87,0 x 83,6	87,0 x 92,4	93,75 x 83,6
Hubraum in cm³	1988	2197	2307
Leistung in PS/kW bei min-1	95/70 bei 4800	105/77 bei 5000	110/81 bei 4800
max. Drehmom. in Nm bei min-1	159 bei 2800	182 bei 2800	190 bei 2500
Ventilsteuerung; Ventile pro Zyl.	ohc (1 obenliegende Nockenwelle, Doppelrollenkette); 2		
Gemischaufbereitung	1 Flachstromvergaser Stromberg 175 CDS; ab 07/1970: 175 CDT		
Verdichtung	9,0		
Elektrik	12 Volt; Batterie 55 Ah		
Getriebe	4-Gang-Schaltgetriebe, voll synchronisiert; a.W. 4-Stufen-Automatikgetriebe		
Antrieb	Hinterräder		
Radaufhängung vorn	einzeln an Doppelquerlenkern		
Radaufhängung hinten	einzeln an Schräglenkern; a.W. hydropneumatische Niveauregulierung		
Lenkung	Kugelumlauflenkung; a.W. servounterstützt		
Bremsen	hydraulische Zweikreis-Bremse mit Unterdruck-Bremskraftverstärker; Scheiben v. und h.		
Bereifung	6.95 oder 175 S 14 / 4 PR; a.W. 175 SR 14 (ab 06/1974 Serie)		
Radstand in mm	2750		
Spur vorne/hinten in mm	1444/1440; ab 04/1972: 1448/1440		
Länge/Breite/Höhe in mm	4680/1770/1440		
Leergewicht in kg	1330	1335	1350
Tankinhalt in l	65		
Höchstgeschwindigkeit in km/h	155	163	165
Beschleunigung 0-100 km/h in sec	15,0	13,9	
Kraftstoffverbrauch in l/100 km	10,9	11,1	11,4
Preis bei Markteinführung	DM 11.495	DM 11.990	DM 15.207

Technische Angaben

Datentabelle W 114 Sechszylinder-Benzinmodelle

Typ	230/8, ab 09/1973: 230.6	230/8 lang, ab 08/1973: 230.6 lang
Bauzeit	01/1968 - 11/1976	08/1968 - 10/1976
Stückzahlen (ohne Fahrgestelle für Sonderaufbauten)	216.319	2.213
Bauart (Viertakt-Otto)	Reihen-6-Zyl. M 180 V 23	
Bohrung x Hub in mm	81,75 x 72,8	
Hubraum in cm^3	2292	
Leistung in PS/kW bei min-1	120/88 bei 5400	
max. Drehmom. in Nm bei min-1	182 bei 3600	
Ventilsteuerung; Ventile pro Zyl.	ohc (1 obenliegende Nockenwelle, Doppelrollenkette); 2	
Gemischaufbereitung	2 Fallstrom-Registervergaser Zenith 35/40 INAT	
Verdichtung	9,0	
Elektrik		
Getriebe	4-Gang-Schaltgetriebe, voll synchronisiert; a.W. 4-Stufen-Automatik-Getriebe; ab 03/1969: a.W. 5-Gang-Schaltgetriebe, voll synchronisiert	4-Gang-Schaltgetriebe, voll synchronisiert; a.W. 4-Stufen-Automatikgetriebe
Antrieb		
Radaufhängung vorn		
Radaufhängung hinten	einzeln an Schräglenkern; a.W. hydropneumatische Niveauregulierung	einzeln an Schräglenkern; hydropneumatische Niveauregulierung
Lenkung	Kugelumlauflenkung; a.W. servounterstützt	
Bremsen	hydraulische Zweikreis-Bremsanlage mit Unterdruck-Bremskraftverstärker; Scheiben vorne und hinten	
Bereifung	6.95 oder 175 S 14 / 4 PR; a.W. 175 SR 14 (ab 06/1974 Serie)	185 R 15
Radstand in mm	2750	3400
Spur vorne/hinten in mm	1444/1440; ab 04/1972: 1448/1440	1448/1440; ab 08/1973: 1436/14340
Länge/Breite/Höhe in mm	4680/1770/1440	5330/1770/1475
Leergewicht in kg	1355	1535
Tankinhalt in l	65	
Höchstgeschwindigkeit in km/h	175	
Beschleunigung 0-100 km/h in sec	13,3	14,1
Kraftstoffverbrauch in l/100 km	11,2	
Preis bei Markteinführung	DM 13.145	DM 19.758

250	250 2,8 Liter	280	280 E
12/1967 - 05/1972	07/1970 - 07/1976 (vor 05/1972 nur für Export Nordamerika)	05/1972 - 09/1976	04/1972 - 07/1976
78.303	34.061	44.537	22.836
Reihen-6-Zyl. M 114 V 25	Reihen-6-Zyl. M 130 V 28	Reihen-6-Zyl. M 110 V 28	Reihen-6-Zyl. M 110 E 28
82,0 x 78,8	86,5 x 78,8	86,0 x 78.8	
2496	2778	2746	
130/96 bei 5400	130/96 bei 5000	160/118 bei 5500	185/136 bei 6000
203 bei 3600	220 bei 3200	230 bei 4000	243 bei 4500
		dohc (2 obenliegende Nockenwellen, Doppelrollenkette); 2	
		1 Fallstrom-Doppel-Registervergaser Solex 4 A 1	elektr. geregelte Saugrohr-Benzineinspritzung Bosch D-Jetronic
	8,7	9,0	
12 Volt; Batterie 55 Ah			
4-Gang-Schaltgetriebe, voll synchronisiert; a.W. 4-Stufen-Automatik-Getriebe; ab 03/1969: a.W. 5-Gang-Schaltgetriebe, voll synchronisiert	4-Gang-Schaltgetriebe, voll synchronisiert; a.W. 4-Stufen-Automatik-Getriebe; ab 05/1972: a.W. 5-Gang-Schaltgetriebe, voll synchronisiert	4-Gang-Schaltgetriebe, voll synchronisiert; a.W. 5-Gang-Schaltgetriebe, voll synchronisiert; a.W. 4-Stufen-Automatik-Getriebe	
Hinterräder			
einzeln an Doppelquerlenkern			
	einzeln an Schräglenkern; a.W. hydropneumatische Niveauregulierung		
		Kugelumlauflenkung; a.W. servounterstützt; ab 02/1975 Serie	
6.95 oder 175 S 14 / 6 PR; a.W. 175 SR 14 (ab 06/1974 Serie)		185 HR 14	
2750			
1444/1440; ab 04/1972: 1448/1440		1448/1440	
4680/1770/1440			
1375	1395	1455	
	65; ab 05/1972: 78	78	
180		190	200
12,8	11,5	10,6	9,9
11,7	12,5		
DM 14.630	DM 17.871	DM 18.981	DM 20.535

Technische Angaben

Datentabelle W 115 Dieselmodelle

Typ	200 D/8	220 D/8
Bauzeit	01/1968 - 12/1976	
Stückzahlen (ohne Fahrgestelle für Sonderaufbauten)	339.927	412.829
Bauart (Viertakt-Diesel)	Reihen-4-Zyl. OM 615 D 20	Reihen-Vierzylinder OM 615 D 22
Bohrung x Hub in mm	87,0 x 83,6	87,0 x 92,4
Hubraum in cm³	1988	2197
Leistung in PS/kW bei min-1	55/40 bei 4200	60/44 bei 4200
max. Drehmom. in Nm bei min-1	115 bei 2400	128 bei 2400
Ventilsteuerung; Ventile pro Zyl.	ohc (1 obenliegende Nockenwelle, Doppelrollenkette); 2	
Gemischaufbereitung	mechanisch geregelte Vorkammer-Einspritzung; Bosch-4-Stempel-Pumpe, bei 240 D 3.0: 5-Stempel-Pumpe	
Verdichtung		
Elektrik	12 Volt; Batterie 55 Ah	
Getriebe	4-Gang-Schaltgetriebe, voll synchronisiert; a.W. 4-Stufen-Automatikgetriebe	
Antrieb		
Radaufhängung vorn	einzeln an Doppelquerlenkern	
Radaufhängung hinten	einzeln an Schräglenkern; a.W. hydropneumatische Niveauregulierung	
Lenkung	Kugelumlauflenkung; a.W. servounterstützt	
Bremsen	hydraulische Zweikreis-Bremsanlage mit Unterdruck-Bremskraftverstärker; Scheiben vorne und hinten	
Bereifung	6.95 oder 175 S 14 / 4 PR; a.W. 175 SR 14 (ab 06/1974 Serie)	
Radstand in mm	2750	
Spur vorne/hinten in mm	1444/1440; ab 04/1972: 1448/1440	
Länge/Breite/Höhe in mm	4680/1770/1440	
Leergewicht in kg	1365	1375
Tankinhalt in l		
Höchstgeschwindigkeit in km/h	130	135
Beschleunigung 0-100 km/h in sec	31,0	28,1
Kraftstoffverbrauch in l/100 km	8,1	8,5
Preis bei Markteinführung	DM 11.990	DM 12.485

Mercedes-Benz Strich-Acht

220 D/8 lang	240 D	240 D lang	240 D 3.0
03/1968 - 07/1973	08/1973 - 12/1976	08/1973 - 11/1976	10/1974 - 11/1976
4.027	126.148	3.655	53.690
	Reihen-Vierzylinder OM 616 D 24		Reihen-5-Zyl. OM 617 D 30
	91,0 x 92,4		
	2404		3005
	65/48 bei 4200		80/59 bei 4000
	140 bei 2400		175 bei 2400
21,0			
	12 Volt; Batterie 88 Ah		
Hinterräder			
einzeln an Schräglenkern mit hydropneumatischer Niveauregulierung	einzeln an Schräglenkern, a.W. hydropneumatische Niveauregulierung	einzeln an Schräglenkern mit hydropneumatischer Niveauregulierung	einzeln an Schräglenkern, a.W. hydropneumatische Niveauregulierung
185 HR 15	6.95 oder 175 S 14 / 4 PR; a.W. 175 SR 14 (ab 06/1974 Serie)	185 HR 15	175 SR 14
3400	2750	3400	2750
		1436/1430	1448/1440
5330/1770/1475	4680/1770/1440	5330/1770/1475	4680/1770/1440
1545	1390	1560	1430
65			
	138		148
29,4	24,6	25,9	19,9
	9,5		10,8
DM 19.092	DM 15.984	DM 22.588,50	DM 18.814,50

Technische Angaben

Datentabelle W 114 Coupés

Typ	250 C	250 C 2,8 Liter	250 CE	280 C	280 CE
Bauzeit	10/1968 - 05/1972	07/1969 - 06/1976 (vor 05/1972 nur für Export Nordamerika)	10/1968 - 05/1972	06/1972 - 08/1976	05/1972 - 07/1976
Stückzahlen	8.824	11.768	21.787	13.151	11.518
Bauart (Viertakt-Otto)	Reihen-6-Zyl. M 114 V 25	Reihen-6-Zyl. M 130 V 28	Reihen-6-Zyl. M 114 E 25	Reihen-6-Zyl. M 110 V 28	Reihen-6-Zyl. M 110 E 28
Bohrung x Hub in mm	82,0 x 78,8	86,5 x 78,8	82,0 x 78,8	86,0 x 78.8	
Hubraum in cm^3	2496	2778	2496	2746	
Leistung in PS/kW bei min-1	130/96 bei 5400	130/96 bei 5000	150/110 bei 5500	160/118 bei 5500	185/136 bei 6000
max. Drehmom. in Nm bei min-1	203 bei 3600	220 bei 3200	215 bei 4500	230 bei 4000	243 bei 4500
Ventilsteuerung; Ventile pro Zyl.	ohc (1 obenliegende Nockenwelle, Doppelrollenkette); 2			dohc (2 obenliegende Nockenwellen, Doppelrollenkette); 2	
Gemischaufbereitung	2 Fallstrom-Registervergaser Zenith 35/40 INAT		elektronisch geregelte Saugrohr-Benzineinspritzung Bosch D-Jetronic	1 Fallstrom-Doppel-Registervergaser Solex 4 A 1	elektronisch geregelte Saugrohr-Benzineinspritzung Bosch D-Jetronic
Verdichtung	9,0	8,7	9,5	9,0	
Elektrik	12 Volt; Batterie 55 Ah				
Getriebe	4-Gang-Schaltgetriebe, voll synchronisiert; a.W. 4-Stufen-Automatik-Getriebe; ab 03/1969: a.W. 5-Gang-Schaltgetriebe, voll synchronisiert	4-Gang-Schaltgetriebe, voll synchronisiert; a.W. 4-Stufen-Automatik-Getriebe; ab 05/1972: a.W. 5-Gang-Schaltgetriebe, voll synchronisiert	4-Gang-Schaltgetriebe, voll synchronisiert; a.W. 4-Stufen-Automatik-Getriebe; ab 03/1969: a.W. 5-Gang-Schaltgetriebe, voll synchronisiert	4-Gang-Schaltgetriebe, voll synchronisiert; a.W. 5-Gang-Schaltgetriebe, voll synchronisiert; a.W. 4-Stufen-Automatik-Getriebe	
Antrieb	Hinterräder				
Radaufhängung vorn	einzeln an Doppelquerlenkern				
Radaufhängung hinten	einzeln an Schräglenkern; a.W. hydropneumatische Niveauregulierung				
Lenkung	Kugelumlauflenkung; a.W. servounterstützt			Kugelumlauflenkung; a.W. servounterstützt; ab 02/1975 Serie	
Bremsen	hydraulische Zweikreis-Bremsanlage mit Unterdruck-Bremskraftverstärker; Scheiben vorne und hinten				
Bereifung	6.95 oder 175 S 14 / 6 PR; a.W. 175 SR 14 (ab 06/1974 Serie)			185 HR 14	
Radstand in mm	2750				
Spur vorne/hinten in mm	1444/1440	1444/1440; ab 04/1972: 1448/1440	1444/1440	1448/1440	
Länge/Breite/Höhe in mm	4680/1790/1395				
Leergewicht in kg	1375	1395	1390	1455	
Tankinhalt in l	65	65; ab 05/1972: 78	65	78	
Höchstgeschwindigkeit in km/h	180		190	190	200
Beschleunigung 0-100 km/h in sec	12,8	11,5	10,4	10,6	9,9
Kraftstoffverbrauch in l/100 km	11,7	12,5	11,7	12,5	
Preis bei Markteinführung	DM 16.816,50	DM 20.313	DM 17.704,50	DM 21.423	DM 22.977